Interpretando los Dibujos de los Niños

El Desarrollo de la Orientación Espacial
y del Esquema Corporal en las Imágenes de
la Persona, la Casa y el Arbol

Audrey McAllen

Diseño de Tapa: Claude Julien y Keith Henderson.

Título original en inglés: Reading Children´s Drawings, The Person, House and Tree Motifs.

Versión castellana de Dora Kreizer

Primera edición en castellano: Editorial Antroposófica
Argentina 2006

© 2004 Audrey McAllen y Rudolf Steiner College Press
© 2006 Reservados todos los derechos a favor de Editorial Antroposófica

Hecho el depósito que marca la ley 11.723
I.S.B.N. 987-9066-83-9
    978-987-9066-83-6
CDD 370.1

El contenido de este libro representa la visión de la autora y no debe interpretarse como la visión oficial del Rudolf Steiner College o Rudolf Steiner College Press.

Editorial Antroposófica
El Indio 1837
(1607) Villa Adelina
Buenos Aires, Argentina
Tel/Fax 4700-0947
E-mail: info@antroposofica.com.ar
www.antroposofica.com.ar

Indice

Nota del Editor 5

Prefacio 9

1 **La Estrella Humana**
   Relaciones Numéricas de la Estructura Física del Ser
   Humano 15

2 **El Cuerpo Estructural y el Cuerpo Constitucional y su Desarrollo**
   desde el Nacimiento hasta los Siete Años 27

3 **Análisis de Dibujos Persona-Casa-Arbol** 51

4 **Colores** 81

5 **Cualidades de los Colores**
   que Surgen cuando Trabajamos con los Ejercicios de Lecciones
   Adicionales 87

6 **Revisión y Observaciones para la Investigación** 109

Apéndice - Ejemplos 119

Apuntes sobre Educación Waldorf 127

Figura 1
Dibujo de una
niña de 9 años.

Cuento de Hadas

Se construyó a sí mismo una casa,
   sus cimientos,
   sus piedras,
   sus paredes,
   su techo en lo alto,
   su chimenea y su humo,
   su vista desde la ventana.

Se preparó un jardín para sí,
   su cerca,
   su tomillo,
   su lombriz,
   su rocío al atardecer.

Recortó su trozo de cielo.

Y envolvió el jardín en el cielo
y la casa en el jardín
y embaló todo en un pañuelo

y salió
solo como un zorro del ártico
atravesando la fría
interminable
lluvia
adentro del mundo.

                Miroslav Holub

Prefacio

El propósito de este estudio es compartir las experiencias y frutos del trabajo que he realizado durante treinta años con niños con necesidad de acompañamiento adicional en su educación y, particularmente, lo que han mostrado en circunstancias controladas.

Mi interés en los dibujos de los niños surgió tempranamente durante mi carrera de educadora cuando descubrí el libro de Wilhelm Viola "Franz Ciszek y el arte del niño" respecto del concepto de Ciszek en cuanto a que las pinturas de los niños eran una forma artística en si mismas; este libro lo leí en 1939. Poco tiempo después, entré al movimiento educativo Waldorf, y como maestra de grado, comencé a prestar atención particularmente a los dibujos y pinturas de los niños.

Como en las escuelas Waldorf el entrenamiento en la secuencia de los colores y el dibujo forman parte de la currícula, en mis clases muchas veces permitía hacer un dibujo o una pintura "libre", algunas veces con resultados inesperados. Por ejemplo un fondo en acuarela verde con una línea definida y sobre ella una fila de puntitos y, sobresaliendo hacia abajo, otra línea dura. A mí me pareció como la vista lateral de una mandíbula. A la mañana siguiente el pintor, una pequeña niña, me mostró su primer ventanita por la falta de un diente. Más tarde conversando con mi dentista me di cuenta que los puntos rojos en la pintura podrían haber sido los bulbos de la segunda dentición, preparados para desalojar a los dientes de leche.

Otra instancia fue el dibujo de una persona con un sombrero. El cuerpo era redondo y no tenía ropa pero en su lugar estaba punteado, con puntitos hechos con un lápiz. Tres días después, este alumno faltó a causa de un sarampión. Así, tempranamente en mi carrera como educadora aprendí que el proceso fisiológico era revelado en las pinturas y los dibujos de los niños.

Comencé mi primer trabajo con niños que tenían dificultades en el aprendizaje en 1961. Cuando me pidieron que asistiera a estos niños, decidí hacerlo a partir de mis conocimientos de antroposofía, especialmente porque para los niños que me habían sido enviados, en las escuelas de las que provenían, ya había sido implementado anteriormente "todo" para que superaran sus dificultades.

Después de un tiempo comencé a utilizar el dibujo "de una persona-una casa-un árbol" como base para "interpretar" al niño. Aquellos maestros que han estado utilizando esta herramienta de evaluación desde la publicación de la tercera edición de *La Clase Extra** en 1985, comprenderán muy bien mi asombro ante lo primitivo y descoordinado de los dibujos que estaban produciendo niños de once años y mayores aún (casas "flotando" sobre la hoja de papel, árboles de dos variantes estereotipadas: ramas delgaditas, o vastos troncos con un "globo" verde como follaje). Con el uso de esta herramienta de valuación, tomé conciencia de que estos dibujos le dan a uno un mapa objetivo respecto de la estructura física y del desarrollo evolutivo del niño.

Existe muchísima literatura sobre dibujos de niños, en su mayoría muy académica en su aspecto (ver Material de Estudio y Recursos). El investigador por lo general observa esta actividad, la de dibujar, en relación a cuan rápidamente el niño logra una representación reconocible respecto de lo que intenta dibujar y en cuanto a su habilidad de resolver problemas en relación a su capacidad de dibujar. Sobre este tema también existe extensa literatura de médicos y psicólogos. Como maestros, en nuestras aulas encontramos generalmente niños con dificultades específicas de aprendizaje, y son sus dibujos los que serán escudriñados en este estudio.

Como no se trata de un trabajo introductorio, sería de gran ayuda si el lector previamente hubiese leído *Analyzing Children's Art* de Rhoda Kellogg o *Understanding Children's Drawings* de Michaela Strauss. La señora Kellogg ha sido una educadora de la niñez en edad temprana, quien escribió acerca de sus experiencias y observaciones efectuadas en el Centro de Estudios Phoebe Hurst en San Francisco, California. Este establecimiento pre-escolar recibía niños desde los 24 meses hasta los ocho años. A través de los años ella coleccionó muchos de los dibujos de estos niños, sumando a ellos otros que coleccionó en sus viajes por todo el mundo. Micaela Strauss volvió a reunir la colección de dibujos de niños pequeños que su padre, artista y profesor de arte, había reunido en el tiempo durante el cual había enseñado en la primera escuela Waldorf de Stuttgart, Alemania. Su análisis de las formas básicas del círculo, el cuadrado y el triángulo confirman tanto las observaciones que hiciera Kellogg como así también más tarde Feuerstein.

Desde 1930 hasta 1970, Israel alentó la inmigración judía desde el área mediterránea y también de aquellos que provenían de países europeos. El profesor Reuven Feuerstein, quien trabajaba en el área de recepción principal de estos inmigrantes, no podía aceptar que tantos niños y jóvenes tuviesen una puntuación tan baja de sus coeficientes intelectuales. El reconoció que estos refugiados no tenían un punto de referencia cultural y que lo que tenían se había arruinado en la sociedad occidentalizada. Ideó hojas de trabajo con cuadrados que contenían muchos puntos, algunos más pesados que otros, en los que el niño debía unir y de ese modo descubrir las formas del círculo, cuadrado, triángulo y otras formas básicas.

Para la orientación en el espacio, fueron dibujados cuatro cuadrados –o jardines–, cada uno con un objeto: un árbol, una casa, un banco, un cantero de flores. En el centro de cada jardín una figura humana de frente a uno de estos objetos. En la próxima hoja de trabajo, las cuatro figuras eran dibujadas sobre un jardín vacío. Al niño se le pedía que ubicara una figura en el centro del jardín y que escribiera hacia dónde estaba orientada y qué estaba viendo. (Ver *Changing Children's Minds* de Howard Sharron) De este modo, se estimulaba el pensar intelectual. Este es un ejemplo de cómo el esquema del cuerpo (la geografía del cuerpo/conciencia del cuerpo) y su orientación espacial son vitales para el proceso de aprendizaje.

El actual estudio de la habilidad gráfica de los niños ha sido efectuado en relación a la observación científica espiritual del ser humano de Rudolf Steiner. Su observación abarca las físicamente invisibles dinámicas espirituales que se hallan detrás de la forma y del crecimiento –los miembros arquetípicos del ser humano. Por lo tanto hemos de ser concientes de ser espectadores de un proceso profundo y sagrado, el cual nos está siendo develado por el niño. Estamos observando el resultado del trabajo de las jerarquías espirituales creando un cuerpo capaz de recibir un yo independiente, de la primera evolución planetaria del antiguo Saturno hasta un punto en el que 2000 años atrás el yo arquetípico de la humanidad podía hacer su entrada –la creación del cuenco, listo para recibir su contenido eterno.

Mirando hacia las formas arquetípicas básicas –por ejemplo: el círculo, el triángulo y el cuadrado; el giro, la espiral y las formas en zigzag y sus múltiples variaciones– hemos de cultivar una observación exacta y sensitiva, detallada y viviente y un pensar móvil. Esto puede desarrollarse, desde nuestra experiencia en el trabajo con nuestros alumnos, hasta llegar a ser una facultad de comprensión interna, del milagro del espíritu trabajando en el cuerpo humano.

* Dirigirse a: Editorial Antroposófica Argentina.

1

La Estrella Humana
Relaciones Numéricas de la Estructura Física del Ser Humano

Antes de preguntarnos qué se revela en dibujos realizados por niños pequeños, miremos el desarrollo humano desde una perspectiva científica espiritual. Rudolf Steiner ha aportado importantes conocimientos respecto del desarrollo del ser humano como reflejo y como una parte integral de la evolución de la Tierra.

Un aspecto fascinante de las conferencias que Rudolf Steiner diera con respecto a los resultados de sus investigaciones en las ciencias espirituales, es el modo en el que desarrolla un elemento en particular, al cual vuelve en forma simplificada y condensada. Por ejemplo, en 1909 describió los sentidos y sus bases en los cuerpos suprasensibles de los seres humanos a lo largo de su evolución, la cual se halla relacionada a la estructura suprasensible de la Tierra (Psicosofía, Parte 1 - GA115). En 1921 cubrió los aspectos anímicos de los sentidos en relación a su concepto del ser humano como organismo ternario (*Man as a Being of Sense and Perception* – GA 206). Más tarde ordenó los sentidos de acuerdo a sus aspectos médicos/clínicos y educativos (*Introspecciones más profundas a la educación*, 2° Conferencia).

Otro aspecto que no hemos de olvidar, es su aseveración en cuanto a que los descubrimientos de una verdadera ciencia natural no estarán en contradicción con la ciencia espiritual (Psicosofía, Parte 1 - GA115). Para ello yo debería apuntar a la confluencia de la ciencia espiritual y a los resultados obtenidos por las más importantes corrientes de investigación en materia educativa en cuanto a las dificultades de aprendizaje –de cómo son vistos y abordados estos obstáculos en nuestra actual cultura materialista.

3 Deberíamos comenzar nuestro estudio expandiendo nuestro concepto Waldorf de la naturaleza ternaria del ser humano –un ser de cuerpo, alma y espíritu. En su libro *The Education of the Child* (GA 34) Rudolf Steiner apunta a que dondequiera tengamos el número doce, la organización se relaciona con el principio zodiacal. **12** El principio zodiacal abarca el mundo espiriritual, la reencarnación de la identidad espiritual-ego (yoica) y la materia física.

7 A su lado tenemos el aspecto planetario, el número siete, aquí Steiner nos cuenta que nos encontramos frente al proceso vital. Esto se ve reflejado en los siete órganos del cuerpo humano. "La vida siempre es múltiplo de siete". ("Los doce sentidos y los siete procesos vitales" en *The Riddle of Humanity*.)

"El proceso vital está lleno de alma." ("Los órganos sensoriales y la experiencia estética" en *The Riddle of Humanity*.) Es el cuerpo astral, el alma, el que contiene la imagen de la organización del cuerpo físico ("Evolución del mundo" en *An Outline of Esoteric Science* - GA 13). Esta imagen astral se une al cuerpo etéreo, dándole el ímpetu para crecer.(1) Esta impresión del astral sobre el cuerpoetéreo es la forma especializada del cuerpo etéreo que Rudolf Steiner llama el "cuerpo de fuerzas formativas" (Ernst Marti *The Four Ethers* Capítulo 1). Lo vemos trabajar en los siete órganos, en los siete procesos de vida, formando e imprimiendo la estructura ternaria de la forma del cuerpo durante los primeros siete años (Steiner *The Education of the Child* (GA 34)). Estas actividades del alma también están interrelacionadas con la actividad de los cuerpos astral y etéreo de la Tierra en la cual nosotros también encarnamos y cuya evolución también compartimos. El reflejo cósmico de esta actividad lo reconocemos en los siete planetas, los siete colores del arco iris, los días de la semana, en la trinidad de sol, luna y estrellas.

En la organización estructural del cuerpo físico, los huesos, músculos y nervios responden a los estímulos de los doce sentidos y su manifestación en el sistema nervioso. La constitución del cuerpo con sus órganos y circulación sanguínea se halla embebida en el cuerpo de fuerzas formativas, lo cual se organiza desde el alma, como se describe más arriba. El sistema estructural tiende hacia la materialización –los músculos tienden a hacerse nervios, los nervios tienden hacia los huesos (Steiner *The World of the Sences and the World of the Spirit*, 5ª Conferencia (GA 134)). Rudolf Steiner lo describe como un proceso de muerte en el cual despierta la conciencia.

Contrastando con ello, el sistema constitutivo (digestión, respiración, circulación) involucra materia en disolución (comida), la cual constantemente es disgregada y recreada como sustancia humana. Esta sustancia humana, se renueva totalmente cada siete años. Este proceso de intensificación de vida guía hacia la conciencia del alma, del sentir, de la personalidad ("Identity and Personality" McAllen en M.E. Willby *Learning Difficulties*).

El cuerpo estructural y su principio zodiacal, y el cuerpo constitucional con su principio planetario, nos proveen un doble panorama del ser humano (M.E. Willby *Learnig Difficulties* Sección I). Hemos desplegado así nuestro concepto tripartito para incluir esta doble relación —alcanzando el pentagrama humano, la estrella de cinco puntas.

2

5

Trabajando en conjunto como organización arquetípica, estos dos sistemas nos presentan una expresión de Logos –la Palabra– su forma manifiesta en los doce sonidos consonantes, su vida anímica manifiesta en los siete sonidos vocales (Steiner *Speech and Drama* (GA 282); McAllen *The Listening Ear*).

Ahora deberíamos considerar cómo se revela este doble aspecto (constitucional y estructural) durante el desarrollo del niño en los primeros siete años. El sistema estructural, la manifestación del espíritu, está completamente formado (aunque todavía no se halla afirmado) en el período embrionario. Aquí, dentro de las envolturas de la matriz, se repiten las etapas del desarrollo de la Tierra, del antiguo Saturno, del antiguo Sol y de la antigua Luna hasta nuestro presente estado de desarrollo en el que el ego humano puede ser incorporado en nuestro ser (Rudolf Steiner *La Ciencia Oculta** (GA 13). Esta secuencia evolutiva puede ser resumida como calor (antiguo Saturno), luz/vida (antiguo Sol), conciencia (antigua Luna) y egoísmo/conciencia de sí mismo (Tierra), todos trabajando dentro del útero materno, todos estimulados con el primer aliento al nacer. La sustancia para la estructura y el crecimiento de este sistema proviene del cuerpo materno. Luego los huesos, músculos y nervios (todas las neuronas están totalmente formadas aunque algunas conexiones entre ellas todavía han de desarrollarse) están completamente formados al tiempo de nacer y los sentidos están abiertos inmediatamente a estímulos provenientes del medio ambiente. La conciencia, aunque inicialmente soñolienta, despierta con el primer aliento.

Este no es el caso con los órganos internos del cuerpo. La alimentación ha de ser introducida con sumo cuidado, los ritmos han de ser establecidos gradualmente; los órganos necesitan siete años para llegar a madurar plenamente. Ellos deben ser "incubados", como lo describe Steiner, por el amor y el calor que el niño recibe del medio ambiente. El acompasamiento del ritmo respiratorio al ritmo de la circulación alcanza su proporción adulta cuando el niño tiene de nueve a diez años de edad.(2)

Nos encontramos ante una yuxtaposición entre *conciencia* y *crecimiento*; conciencia de la organización físico estructural, crecimiento de la organización física constitucional. Estas dos actividades se desarrollan en direcciones opuestas. Durante los primeros siete años las crecientes fuerzas para construir el cuerpo se hallan concentradas en la cabeza. Gradualmente estas fuerzas se mueven en forma descendente, completando el torso superior, luego el resto del tronco y miembros, de este modo la forma ternaria del cuerpo queda impresa en el cuerpo físico desde adentro. Esto puede ser observado en la gran cabeza del infante, la redondez de la caja torácica a mediados del primer septenio, luego, durante la última fase de los primeros siete años, el crecimiento discurre hacia los miembros.

La conciencia está centrada en los sentidos, es estimulada desde fuera y trabaja por la reacción y la sensibilidad de los miembros. De modo que las fuerzas de la conciencia se mueven hacia arriba, organizando la cabeza e imprimiendo la estructura del cuerpo físico en el cuerpo etéreo desde fuera. Así tenemos un "proceso de impresión" en ambas direcciones. El complejo etéreo/astral (fuerzas formativas) está imprimiendo desde adentro; las percepciones sensoriales físicas y el movimiento propio está imprimiendo desde fuera. Estos dos procesos de impresión interna y externa deberían encajar entre sí. Esta actividad en dos direcciones aparecerá en muchos niveles distintos (McAllen *Extra Lesson*, Introducción, M.E. Willby *Learning Difficulties* Sección I).Ver diagrama resumen más adelante.

Recapitularemos ahora brevemente las etapas de desarrollo de los primeros siete años. Integración de los reflejos primarios, coordinación del oído, manos y ojos, las etapas de reptar, gatear y balbucear se cumplen todas durante los primeros doce meses de vida. El gran logro del individuo al finalizar estas etapas es el de pararse erguido en ángulo recto a la superficie terrestre. La importancia de este momento por lo general es pasada por alto; el énfasis habitualmente es puesto en el hecho de que el niño puede dar su primer paso. El logro de pararse erguido, perpendicularmente a la superficie terrestre, es una experiencia universal humana y define el momento cuando el ser humano experimenta las tres dimensiones del espacio de nuestro universo. Abreviando, la ecuación que se cumple para todos los triángulos rectángulos, el teorema de Pitágoras, es experimentada por todos en el momento cuando hemos logrado pararnos. Que esta ecuación sólo existe para triángulos rectángulos, fue probado matemáticamente (más bien que geométricamente) hacia fines del siglo veinte por Andrew Wiles (Singh *Fermat's Enigma*). Así es como el teorema de Pitágoras lleva en sí las propiedades del arquetipo del cuerpo humano en relación a la orientación espacial. Este hecho, junto al discernimiento científico espiritual de Rudolf Steiner de que las corrientes del cuerpo humano astral se mueven en dirección opuesta a los cuerpos físico y etéreo (Steiner Psicosofía Parte 1, Conferencia 2 (GA 115)), cuentan para la correcta realización del ejercicio del triángulo rectángulo (McAllen *Extra Lesson* 130-134).

Esta exploración de las dimensiones espaciales inherentes al cuerpo le confieren al yo eterno, la identidad de si mismo, para afirmar su libertad de la gravedad de la Tierra. El niño ahora está en condición de moverse como un ser libre en la Tierra en las cuatro direcciones del espacio –norte, sur, este, oeste. En sí mismo lleva las posibilidades espaciales adelante-atrás, derecho-izquierdo, arriba-abajo. La orientación espacial, que nos da nuestra identidad como seres humanos en la Tierra, la logramos mediante la integración del sistema postural que se desarrolla con el apoyo de los sentidos de equilibrio y auto-movimiento.

Estos dos sentidos junto con el sentido vital han sido creados y encarnan los principios espirituales del ser humano; el Yo Espiritual (*Manas*), el Espíritu de Vida (*Buddhi*), y el Hombre Espíritu (*Atman*). (Ver Steiner Psicosofía Parte 1 (GA 115) y M:E. Willby *Learning Difficulties* Sección 1). En futuras etapas de evolución humana y terrestre, estos principios se desarrollarán bajo la dirección del propio espíritu del individuo. Mientras tanto, somos ínter penetrados por seres superiores que llevan y mantienen esta capacidad embrionaria dentro nuestro. Ahora el niño puede caminar en el espacio, y a partir de esta actividad, se desarrolla el habla. El habla surge de la interacción de los cuerpos éterico y astral.

En la primera conferencia de *The Driving Force of Spiritual Powers in World History* (GA 222), Rudolf Steiner constata que:

Todo hombre en su vida despierta participa del acto de hablar. El cuerpo físico participa de la vibración de las cuerdas vocales, en la actividad de todo el aparato vocal; el cuerpo etéreo también participa del proceso. También así el cuerpo astral y el ego. Pero comparativamente el cuerpo físico y el ego no participan de nada en la magnitud en la que sucede con la actividad del habla como una totalidad. Los miembros esencialmente involucrados son el cuerpo etéreo y el cuerpo astral.

Las primeras dos conferencias de esta serie contienen importantes implicaciones pedagógicas para maestros Waldorf. (Ver también, Steiner *The Balance in the World and Man* (GA 158)).

La próxima señal es la habilidad de nombrarse a sí mismo "Yo". La conciencia pura que vivía en los objetos del mundo a su alrededor con anterioridad se vuelve subjetiva; la personalidad temporal de esta encarnación, el ego temporal, ha nacido (McAllen "Identity and Personality" en M.E. Willby *Learning Difficulties*). De una conciencia que acepta a todos y a todo, llega la auto-conciencia y comienza la verdadera interacción social. Esta etapa es alcanzada alrededor de los tres años. Cuando el niño llega más o menos a los cuatro años la barrera natural que inhibía el libre movimiento entre arriba y abajo (la línea media horizontal) es descartada. El niño pre-escolar ahora puede inclinarse y recoger algo del suelo en lugar de acuclillarse. La cintura se desarrolla gradualmente–al niño le gusta atarse algo alrededor de la cintura. La orientación izquierda-derecha del cuerpo continúa con el uso independiente de cada mano en cualquiera de los lados del cuerpo. *La barrera de la línea vertical media aún invisible no le permite cruzar la mano derecha a la izquierda; tampoco la mano izquierda se cruza al lado derecho del cuerpo.* Esta natural tendencia ambidiestra, estimulando y conectando áreas dentro del cerebro que tienen que ver con el movimiento, el oído (escuchando palabras), la vista (visualizando palabras), el habla (hablando palabras), y generando verbos, usualmente perdura hasta que el niño cumple cinco o seis años (Greenfield *The Human Brain* Capítulo 1).

La línea media vertical es integrada, la orientación espacial está totalmente desarrollada y el esquema corporal (imagen de cuerpo, geografía corporal) –la impresión del cuerpo físico estructural dentro del cuerpo etéreo (ver arriba) –se ha completado. (McAllen *Extra Lesson, Introducción*). La constitución física también alcanza un punto de madurez, las proporciones de cabeza, tronco y extremidades se han armonizado cuando se completa la etapa de crecimiento entre los cinco a los siete años. Las fuerzas etéreas son liberadas de su trabajo en el aspecto constitucional del cuerpo físico y comienzan a desarrollar el poder del pensar del alma en imágenes (Rudolf Steiner *The Education of the Child* (GA 34)). Las capacidades innatas del alma, sus facultades, han sido depositadas (McAllen *Extra Lesson*, M.E. Willby *Learning Difficulties*) por la séptuple constitución planetaria del ser humano.

La lección aquí es, que el alma no puede recapitular su crecimiento interno, la construcción de los órganos y el proceso vital trabajados por el séptuple ser constitucional Los poderes que han sido traídos del pasado y depositados dentro de esta constitución han de durar por el resto de la vida. Por otra parte, han sido adquiridas habilidades, a partir de la estructura zodiacal. El milagro es, que las capacidades y habilidades pertenecientes a la estructura zodiacal que el individuo no ha logrado durante los primeros siete años, pueden ser adquiridas posteriormente.

Que cada una de estas etapas depende una de la otra está siendo reconocido en amplios círculos educativos y es expuesto sucintamente por Margaret Sasse en su libro *If Only We Had Known: Early Childhood and its Importance to Academic Learning:*:

> *El desarrollo infantil sigue una secuencia ordenada, predecible e interrelacionada que está directamente relacionada con las capacidades intelectuales y de aprendizaje del niño. Cada etapa de desarrollo asimila parte de la anterior y la plena función depende del nivel funcional de la anterior. De modo que es lógica la conclusión, que el aprendizaje del niño y su conducta pueden ser afectados si alguna de las etapas de desarrollo natural de la temprana infancia hubiesen sido malogradas.*

Este es el mismo principio de repetición implícito en toda la evolución humana desde el antiguo Saturno, el antiguo Sol, y la antigua Luna. (Steiner *La ciencia oculta* GA 13)). Como mencionado previamente, esta evolución puede ser resumida como una actividad calórica del antiguo Saturno, de luz/vida del antiguo Sol y conciencia de la antigua Luna. Todas estas etapas evolutivas están reflejadas en la secuencia del desarrollo embrionario, culminando durante el tercer año de vida en la Tierra, en la auto-conciencia (*egoidad*), demostrado mediante la capacidad de nombrarse a sí mismo "Yo" –una facultad exclusiva del humano.

Esta recapitulación de la creación del ser humano forma los cimientos de las capacidades en la vida adulta. Para todo aquel que cuide y atienda a niños pequeños: hay que tener presente que el desarrollo del alma conciente a la edad entre los treinta y cinco y cuarenta y dos años depende del pleno desarrollo de los primeros siete años.

(1) El ejemplo más glorioso de esto es cuando el cuerpo astral purificado de Buddha brilló en el bebé Jesús en el Evangelio de Lucas, uniéndose con el cuerpo etéreo y estimulando su crecimiento (Rudolf Steiner, *The Gospel of St. Luke* (GA 114)).

(2) En Psicosofía (GA 115), Rudolf Steiner habla del corazón, los pulmones y su relación con los cuerpos astral y etéreo. Del lado derecho del cuerpo hay una trimembración con tres lóbulos en el pulmón derecho y una válvula tricúspide entre las cámaras superior e inferior del corazón. Esta trimembración está relacionada con el cuerpo astral (pensar, sentir, voluntad), que tiene afinidad con el cuerpo etéreo. La corriente etérica del ser humano fluye de derecha a izquierda, confiriéndole al lado derecho una cualidad mucho más etérica que al lado izquierdo. Del lado izquierdo del cuerpo hay dos lóbulos del pulmón izquierdo y una válvula bicúspide (dos cúspides) –la válvula mitral– entre las cámaras superior e inferior del lado izquierdo del corazón. La corriente física del ser humano fluye de izquierda a derecha, dándole a este lado una doble cualidad física. La organización yoica tiene afinidad con el cuerpo físico. Esta relación 3:2 del cuerpo se repite en las mandíbulas. La mandíbula superior crece en tres sectores de izquierda y derecha, dividida por la sección central creciendo desde arriba hacia abajo. La mandíbula inferior está dividida en dos sectores, creciendo de izquierda a derecha y de derecha a izquierda, y uniéndose en el centro. En cuanto a la relación de los músculos de las mandíbulas superior e inferior al hablar, ver el "Estudio Zodiacal de Escorpio" en *The listening Ear*, por A. McAllen y *Speech and Drama* (GA 282) de R.Steiner.

2

El Cuerpo Estructural y el Cuerpo Constitucional y su Desarrollo
Desde el Nacimiento hasta los Siete Años

El control de la motricidad gruesa y fina mediante el subsistema vestibular postural provee la base de un proceso psicológico fundamental, p.e. la habilidad para diferenciar entre espacio externo y el esquema del cuerpo lo cual es efectivamente la esencia de la conciencia y el pivote de interacción entre el "yo" y el "no-yo", sujeto y objeto.

F.S. Rothschild (1)

Cuando el niño muy pequeño llega a poder asir un utensilio –una vara o un lápiz- comienza a realizar marcas, inclusive antes de que su ojo y mano estén completamente coordinados. Estos puntos y garabatos parecen arbitrarios, pero las observaciones y los estudios de Rhoda Kellogg (*Analyzing Children's Art*) demuestran que por debajo, hay formas que se repiten constantemente. Ella reconoció que estas marcas eran realizadas en grupos y que, trazando una línea a su alrededor, aparecían formas geométricas –el triángulo, el cuadrado, el óvalo. Esta etapa de desarrollo es común a todos los niños cualquiera sea su origen étnico.

¿Dónde encontramos tales estructuras básicas? Las encontramos en nuestro interior, en nuestros huesos y por fuera de nosotros en la forma de nuestras casas, las que son la proyección tridimensional de una o más de estas formas básicas. La casa idealizada es el templo con su frontón triangular y su construcción rectangular, la casa para el Dios que es honrado con rituales y danzas. Así han organizado las fuerzas estructurales el cuerpo humano para pararse y han permitido al espíritu vivir en este cuerpo y moverse alrededor de la Tierra.

¿Cómo se proyectan las fuerzas de crecimiento –el proceso de la vida- en el dibujo del niño? ¿Dónde encontramos la danza interna que viene a descansar en la forma circular, en las marcas que pronto llegan a juntarse en la actividad del garabato, en el remolino y en el movimiento pendular de izquierda-derecha, derecha-izquierda? El remolino garabateado gradualmente se convierte en espiral, el péndulo explora la vertical y la horizontal y se estabiliza en la cruz vertical y la cruz diagonal dibujadas.

La interacción entre las fuerzas de crecimiento y el estímulo de los sentidos aparece en formas gráficas espontáneas hasta que el niño se designa a sí mismo como "Yo". Este es el momento en el que sucede el cambio de una conciencia de unidad, en la que el "espíritu Yo" ha experimentado el cuerpo como un objeto externo entre otros objetos, a la conciencia de sí mismo como una entidad separada, el "alma Yo", el punto dentro del círculo (McAllen "Identity" en *Learning Difficulties*).

Encontramos estas etapas completamente documentadas en el trabajo de Rhoda Kellogg (*Analyzing Children's Art*) y Michaela Strauss (*Understanding Children's Drawings*). La educadora muestra pinturas de niños de todo el mundo, dibujos que incluyen el techo triangular y la casa cuadrada, existan estas formas en el medio ambiente del niño o no. En su libro, Michaela Strauss reconoció la aparición de estas formas en conexión con las edades y el crecimiento fisiológico de los niños. Esto es ampliado por el detallado conocimiento médico de Wolfgang Schad, como se puede ver al final de su libro. Ver también su artículo en Research Bulletin (Vol. II nro. 2 junio 1997) del Instituto de Investigaciones para la Educación Waldorf, Spring Valley, Nueva York. Sería bueno para el lector recurrir a estos trabajos mientras estudia esta materia.

Delinearé los rasgos que caracterizan este desarrollo desde el aspecto de los cuerpos estructural y constitucional del niño a fin de erigir un "vocabulario" de motivos que distinga cómo un aspecto está relacionado al otro y sin embargo mantiene su forma específica.

Las figuras 2a y 2b, "garabatos" dibujados por una niña de 2 ½ años, tiene todos los motivos de la etapa previa al dibujo. El rasgo particular de estos dibujos son las fuerzas formativas arremolinadas alrededor de una pequeña figura (2a); es poco frecuente verlo ilustrado de este modo. También vemos todas las otras formas características de la etapa gráfica –las marcas, los remolinos y las etapas posteriores de enrejados, y círculos con cruz vertical y diagonal respectivamente (2b). Noten que en el círculo verde (derecha inferior) todavía no hay un cierre completo de los dos extremos del círculo; esto también es así en el círculo amarillo por encima del verde. Wolfgang Schad dice (en el último capítulo de *Understanding Children's Drawings*, de Strauss) este cierre tiene lugar cuando el niño verdaderamente se designa a sí mismo como "yo", y conecta esto con el proceso del cierre de los huesos craneales en la frente de su cabeza.

Hoy día los padres nos cuentan que muchos niños se nombran a sí mismos "yo" mucho antes de los dos años y medio o tres años. Esto usualmente es un elemento de la imitación, antes que de la retirada al verdadero "yo" y a la etapa "no" que llega con el primer paso hacia la conciencia de sí mismo (McAllen "Identity" en *Learning Difficulties*).

El motivo en zigzag en el ángulo superior izquierdo en la figura 2a es una importante rúbrica correspondiente a la pulsión de fluidos, p.e., fluido cerebroespinal, activado por fuerzas del organismo respiratorio y del movimiento peristáltico –expansión y contracción, con los que nos encontraremos en condiciones específicas más tarde. La forma abananada en azul en el extremo derecho de la figura 2b ha sido un acertijo para mí por años, hasta que, durante un curso, una maestra de labores repentinamente lo conectó con casas con garage o cobertizo adosado (creando una forma en L). Esta forma corresponde al área de drenaje del sistema linfático a ambos lados del cuerpo.(2) El sistema linfático lleva el aspecto residual del karma no resuelto de vidas pasadas. Estos remolinos, puntos, espirales, cruces y motivos en zigzag aparecen una y otra vez de distintas maneras en dibujos posteriores, cuando las funciones son asimiladas en conciencia y experiencia.

Ahora describiré dibujos mostrando las etapas del desarrollo estructural –el erguirse y el caminar- lo que trae aparejada la orientación espacial. Dibujos con líneas o colores en el extremo superior de la hoja, el comienzo del cielo, muestran una experiencia de la dimensión espacial de arriba; abajo puede aparecer un cuadrado o un triángulo en el que se dibujan ventanas. Una etapa temprana es cuando las ventanas son dibujadas "flotando" por fuera de la casa. (figura 3 a). Más tarde las ventanas son adheridas a las paredes de la casa (figura 3 b); finalmente son ubicadas por separado y en proporción dentro del cuerpo

Figura 2a Etapa gráfica (previa al dibujo)
Dibujada en un gran papel por una niña de 2 ½ años.

Figura 2b Dibujada por una niña de 2 ½ años (10" x 13").

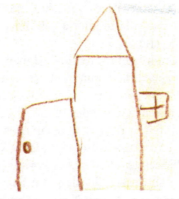

Figura 3a Ventana flotando por fuera de la casa.

Figura 3b Ventanas adosadas a la casa.

Figura 3c Ventanas con cortinas.

(rectángulo) de la casa, con cruces verticales por dentro. Las cortinas aparecen más tarde cuando la memoria y la imagen pasan a ser parte del desarrollo del niño (figura 3 c).

En la casa, el cuadrado y el triángulo designan el cuerpo y el alma-espíritu. El cuadrado está para el cuádruple ser humano: cuerpo físico, cuerpo etéreo, cuerpo astral y organización yoica. El 3 triángulo representa las cualidades ternarias del alma, el pensar, el sentir, y la voluntad y de los tres cuerpos espirituales: el Yo Espiritual (*Manas*), el Espíritu de Vida (*Buddhi*), y el Hombre Espíritu (*Atman*). (Ver Rudolf Steiner *The Lord's Prayer* (GA 96).) Las "casas" a menudo comienzan su desarrollo siendo dibujadas ya sea como un triángulo (o como una cúpula tipo iglú) o sólo un cuadrado (figuras 4a & 4b). Una delicada observación sugiere que cuando es dibujada una casa en forma de triángulo, preponderan las fuerzas anímicas y etéricas. Cuando se dibuja una casa en un cuadrado se hallan fuertemente involucradas las fuerzas del yo físico. En estas dos casas han sido dibujadas chimeneas. Cuando el techo (ático) y la construcción -triángulo y cuadrado- se han estabilizado por haber sido dibujados como una unidad, las chimeneas aparecen en distintas posiciones. En las fases tempranas, se ponen en ángulo recto a la línea del techo así sobresale del costado con una inclinación (figura 5a); más tarde es dibujada erguida/en posición vertical.

Si usamos nuestra imaginación cuando miramos estos dibujos tempranos de casas que tienen chimenea puesta en ángulo recto en el techo y alargamos la chimenea para llenar la parte del techo en la que ha sido dibujada, vemos la forma del clásico triángulo rectángulo del teorema de Pitágoras (ver Singh *Fermat* 280). También hay ocasiones en las que el techo en sí mismo tiene un ángulo recto en su cúspide (figura 5b). El teorema de Pitágoras encarna la proporción áurea. Esta proporción es la que reina entre los huesos del esqueleto, las proporciones de una parte del cuerpo para con la otra, y también se encuentra en la estructura del rostro. Esta es una instancia maravillosa de las leyes matemáticas del universo insertas en el arquetipo del cuerpo astral, trabajando conjuntamente con los cuerpos físico y etéreo del niño en crecimiento. Hace sólo unos pocos años que encontré referencias de Rudolf Steiner sobre la conexión de este teorema con la organización humana (*Foundations of Esotericism* (GA 93 a) y *Wonders of the World, Ordeals of the Soul, Revelation of the Spirit* (GA 129)).

Aproximadamente al mismo tiempo en el que la barrera horizontal de la línea media es integrada (alrededor de los 4 años), el dibujo previo del cielo posiblemente desaparezca y llega el pasto verde. La conciencia espacial de "abajo" ha sido asimilada. Ahora la casa comienza a ser puesta sobre una línea. Como el niño está desarrollando su lateralidad durante la etapa de dos-lados/ambidiestro/ simetría (de los 3 a los 5 años), la simetría aparece en los dibujos (Figura 6). Por ejemplo una figura es ubicada a un lado de la casa, el árbol del otro; un sendero tiene flores a ambos lados; dos ventanas son ubicadas una a cada lado de la puerta. El sol está en el medio del cielo. Pronto el cielo reaparece como consolidación entre *arriba y abajo*. Al comienzo puede haber un espacio que interviene entre el cielo y la Tierra; muchas veces es llenado con amarillo. Aquí las fuerzas del yo todavía están muy presentes en el mundo espiritual.

Si miramos la historia del arte, vemos que los artistas de la Edad Media utilizaban oro para llenar el fondo de aquella parte de la pintura que hoy día vemos como el cielo.

Con el amanecer de la conciencia intelectual que maduraría más tarde, durante el Renacimiento, el fondo dorado fue reemplazado con un cielo azul. Fue Giovanni Cimabue (1240-1302), el líder de la Escuela Florentina, quien cambió el fondo dorado por el cielo azul.

Cuando el niño está en la edad de seis a siete años, la línea media vertical es integrada (ver capítulo 1). Ahora se halla confirmada la dominación; el niño se torna más hábil y más conciente de sus alrededores y de las secuencias de la vida diaria. Ya no solamente imita lo que hace el adulto cuando trabaja, sino que ahora puede realizar estas actividades por sí mismo, poner la mesa, guardar su ropa y otras tareas hogareñas.

En sus dibujos, ahora representa reiteradamente el gran evento de pararse erguido, la conciencia corporal del espacio que ha conquistado y las habilidades que ha adquirido con sus manos, brazos y piernas. Como resultado de ello sus dibujos maduran: el cielo toca la Tierra, la casa se ubica más hacia el fondo en su propio espacio, aparecen cercas, a ambos lados de la casa un árbol y una figura humana. El sol brilla en el ángulo superior derecho del dibujo (visto desde el punto de vista del observador). Hay alguien en la casa porque hay cortinas en las ventanas y desde la chimenea asciende humo espiralado. Hay un estanque con patos, muchas veces en grupos de a tres, una hamaca colgada del árbol, un jinete a caballo acercándose a la

Figura 4a Casas en forma de triángulo y de iglú.

Figura 4b Casa cuadrada.

Figura 5a Dos chimeneas en ángulo recto al techo de la casa.

Figura 5b La punta del techo es un ángulo recto.

casa. Nubes con lluvia y un brillante sol producen un arco iris sobre la casa –un signo de que el trabajo interior de las fuerzas formativas ha sido completado (figura 7). El símbolo y la experiencia comienzan a fusionarse. Una nueva etapa ha sido alcanzada; el niño está listo para trabajar y para aprender.

Estudiemos ahora el proceso de las fuerzas formativas desde el aspecto *constitucional*. Para ello hemos de observar las formas circulares en contraste con las formas geométricas mencionadas más arriba. La cabeza redonda con los ojos redondos y boca pueden ser vistos en la figura 8 a, dibujados por una niña de casi tres años. En el próximo la cabeza también es el cuerpo con la experiencia de los miembros expresados como se ve en la figura 8 b. Luego el cuerpo es separado, aunque la cualidad redonda sigue siendo fuertemente experimentada como se ve en la figura 8 c, dibujada por una niña de cuatro años. En la figura 8 d, los ojos y las orejas redondos expresan los sentidos abiertos al medio ambiente y el cuerpo muestra el fluir de las fuerzas hacia el tronco (tercio medio de los primeros siete años).

Al principio, el yo del niño todavía está en el cielo mirándose a sí mismo hacia abajo. A medida que las fuerzas formativas retroceden de la cabeza y comienzan a moverse hacia el tronco, alrededor de los tres años, la cabeza ahora puede ser proyectada como un círculo cerrado (Schad en Strauss *Understanding*). Pronto aparecen líneas del costado y desde abajo hacia dentro del círculo de "la cabeza" –la cabeza del niño es conciente de las sensaciones que vienen desde afuera, pero aún no distingue entre tronco y cabeza. La segunda fase en el crecimiento corporal, cuando las fuerzas formativas trabajan en el tronco, puede ser observada cuando la cabeza es dibujada con otro círculo pegado por debajo de ella; brazos y piernas son dibujadas como líneas; la cara adquiere una curva sonriente; con el cabello en la parte superior de la cabeza. Los pies son adicionados a las líneas de las piernas, luego las manos –en forma de pelotas al principio, más tarde dedos, tres de ellos, seguidos por cinco.

La tercera fase de crecimiento de cinco a siete años, le trae forma al cuerpo ternario: cabeza, pequeño cuello, pecho, cintura y tronco inferior, los pies en zapatos, manos con dedos. Las facultades del alma humana de pensar, sentir y de la voluntad ahora tienen una base fisiológica en el cuerpo para su posterior desarrollo. La fantasía se retira, el niño ya no insiste en que ha visto elefantes viniendo por la calle. Su memoria se hace retentiva; quiere finalizar lo que comenzó ayer. Los órganos del cuerpo maduran cuando el niño llega a los siete; las fuerzas formativas han sido liberadas de su trabajo interior para pasar a ser un instrumento del alma. El niño está suficientemente maduro como para que estas fuerzas sean utilizadas para aprender. Puede dejar el jardín de infantes para pasar al aula.

El lector puede estar asombrado por este análisis. He tenido la buena suerte de tener una colega que mes a mes me traía todos los dibujos que hacían sus dos hijas, desde los dos años de edad y hasta que la mayor tenía casi ocho. Las niñas no iban a la escuela, en ese entonces vivían en el campo y tenían gallinas, patos, un pony y un perro. Las niñas jugaban con niños de su pueblo. Su madre había sido maestra de grado en una escuela Waldorf. Sus dibujos fueron reunidos con los de un hermano y una hermana, ambos hijos de otra colega muy servicial. Estos dibujos junto con los de mi propia colección formaron una amplia base de observación e hicieron posible la comparación con los dibujos que estaban realizando mis alumnos. He anotado y guardado ejemplos de la constante reiteración de motivos, su realce, su aparente "declive", y luego su progresión hacia nuevas fases.

Repentinamente aparecía una nueva representación que no había sido repetida. La serie más asombrosa fue cuando las hermanas sucumbieron a su primer enfermedad infantil, la tos convulsa, cuando tenían siete y cinco años respectivamente. Uno entonces podía ver el derrumbe de todos los arquetipos. Los seres humanos estaban garabateados por encima; la mariposa estaba cubierta de mamarrachos negros, algunos dibujos sólo consisten de líneas (figuras 9a, 9b & 9c). Las figuras 9 b y 9 c muestran la forma en "L" mencionada anteriormente (la "L" en la figura 9c está al revés) –mostrando que el sistema linfático está en crisis con la enfermedad. Después de la crisis de la enfermedad volvió el deseo de dibujar. Primero fue dibujada la casa, en este caso se trataba del interior de la casa, un motivo que anteriormente sólo había sido dibujado una o dos veces. El conducto de la chimenea pasaba por el techo y la habitación superior directamente hacia abajo al brillante fuego encendido (figura 10a). Gradualmente reapareció la orientación espacial, las figuras humanas recuperaron su forma ternaria, los árboles tenían una nueva variedad

Figura 6 Simetría en el dibujo.

Figura 7 Arco iris sobre la casa (niña de 7 años).

Figura 8a Persona con cabeza redonda y ojos redondos.

Figura 8b Cabeza – cuerpo redondo.

de formas y, finalmente, aparecieron dos casas, una con dos chimeneas, la otra con tres (figura 10b). La doble y triple constitución del ser humano han sido integradas. (Estas imágenes han sido secuenciadas y fotografiadas y pueden ser obtenidas como diapositivas y en un CD-ROM; también han sido fotografiados otros ejemplos de escuelas tradicionales. Ver material de estudio.)

La figura 11 exhibe un maravilloso paisaje que me fuera obsequiado por un niño de cinco años. Aquí vemos a la identidad "Espíritu – Yo" mirando hacia abajo al proceso de encarnación dentro de los cuerpos suprasensibles (McAllen "*Identity*"). Esto incluye la memoria del tiempo justo antes de su concepción cuando estaba uniendo a sus padres.

Comenzando en el ángulo inferior derecho, el pequeño me contó respecto del papel triangular blanco –que él había coloreado de rojo, amarillo y azul y que luego había encintado sobre el papel beige, "Eso es el firmamento". Más tarde, mirando bajo ese triángulo con sus colores primarios del alma, averigüé que el papel beige estaba en blanco. Uno puede ver que el vallado marca el borde entre el mundo espiritual y el del alma (ver el poema de la portada).

En el área roja hacia la izquierda –la esfera lunar, donde en el mundo del alma el "ego" "Yo-ego" (ego inferior) acumula las deficiencias y talentos de la pasada vida terrestre –tenemos el arquetipo de la casa del cuerpo astral (roja con tres ventanas, ver capítulo 3), que se imprimirá en los cuerpos físico y etéreo. Rojo es el color del deseo por lo que los sentidos estarán muy activos en ambas direcciones, en el medio ambiente y estimulando el metabolismo, por eso el cerdo observando la casa. En la mitología celta, el cerdo denota al alumno del iniciado –Merlín y sus pequeños cerdos.

Seguimos el sendero rojo y primero llegamos a dos figuras del alma que aparecen en forma de campana invertida semejante al fuego. Rudolf Steiner dice que en un punto entre la muerte y el nuevo nacimiento, el alma se halla revoloteando en una forma semejante a la de una campana en el cosmos.(3) Una figura es azul (un color que denota el aspecto pensante de las fuerzas formativas) –una figura masculina representando el elemento físico del lado derecho del cuerpo. La figura roja –femenina y con cabello amarillo- representa el arquetipo etéreo femenino del varón. Estas dos figuras se acercan a la casa de arriba con cuatro ventanas (ver capítulo 3). Noten los árboles –uno a cada lado de la casa- como así también la afluencia a la casa en amarillo, la cual, desde nuestros estudios indica un elemento del egoísmo (ver capítulo 5).

Cuando era invitado a tomar asiento para alguna comida, este muchacho intentaba tomar pequeños trozos del pollo trinchado antes de que nos hubiésemos sentado, o sus dedos se iban a la manteca cuando su madre no lo estaba viendo. Cuando tuvo nueve o diez años de edad, produjo una escena detalladísima de un lago en una montaña, que abarcaba la mitad del largo de la pared de la cocina. Un alumno Waldorf desde el Jardín de Infantes hasta el decimosegundo año, se graduó en bellas artes y se especializó en diseño textil. Ahora es conferenciante en arte y diseñador freelance. Cuando tenía alrededor de dieciséis años me abrió la puerta. ¡Me choqueó! Había teñido su cabello en un brillante amarillo. Cuánto placer sentí, al ver que este "egoísmo amarillo" se había abierto camino hacia arriba y fuera de sus fuerzas vitales. El ha sido un muchacho delicioso, siempre dispuesto a venir y demostrar cualquier ejercicio cuando he tenido visitas de ultramar y ningún otro alumno a disposición. Para demostrar que no estoy exagerando, siempre que dibujaba la Línea en Movimiento y el ejercicio de la lemniscata (*Extra Lesson* 147-149), los colores de crayones que elegía, eran ambos tonos de amarillo.

Este trabajo tan encantador, dicho sea de paso, no sólo tiene el recorte triangular dibujado por separado en papel blanco –dibujado y recortado de un papel blanco y luego encintado sobre el papel beige, sino que también la casa roja –pintada y recortada de un papel blanco- está pegada, y el cerdo rojo está recortado y colocado en una hendidura cortada en el papel beige, de modo que puede ser movido de lado a lado. En relación a este delicioso dibujo, me ha recordado lo que dijo Joseph Campell, que el mito no es fantasía pero un modo de expresar en forma de imágenes, verdades que no pueden ser expresadas en palabras.

Figura 8c Dibujo de una niña de 4 años de edad.

Figura 8d Dibujo de un niño de 4 ½ años de edad.

Figura 9a 6 años y 8 meses, contrayendo la tos convulsa

Figura 9b 6 años y 11 meses, tos convulsa

Figura 9c 6 años y 11 meses, tos convulsa

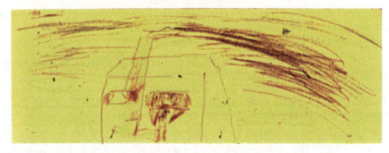

Figura 10a   Chimenea que se introduce en el hogar

(1) F.S. Rothschild citado por Julio deQuiros, MD, PhD y Orlando Schrager, MD en *Neuropsichological Fundamentals in Learning Disabilities* y reportado en M.E. Willby *Learning Difficulties* 16.

(2) M.E. Willby, *Learning Difficulties*, Section I. Friedrich Husemann y Otto Wolff, *The Anthroposophical Approach to Medicine*. Steiner, *Beiträge zur Rudolf Steiner Gesamtausgabe* (No. 30) – Contribuciones a la Obra Completa de Rudolf Steiner – Esta publicación de los apuntes de Rudolf Steiner incluye dibujos y notas que muestran la forma en L del sistema linfático.

(3) Mencionado en *At the Gates of Spiritual Science* (Conferencia del 26 de agosto de 1906), *Theosophy of the Rosicrucians* (Conferencia del 28 de mayo de 1907), y *Rosicrucian Esotericism* (conferencia del 7 de junio de 1909).

Diagrama Resumen

Desarrollo estructural

Formas geométricas básicas

Desarrollo constitucional

Formas dinámicas básicas

    dos años

   3-4 años

   5 años

6-7 años

Figura 10b Recuperándose de la tos convulsa - (6 años 10 meses y 7 años)

Figura 11 Paisaje dibujado por un niño de 5 años - (11" x 13").

3

Análisis de Dibujos Persona-Casa-Árbol

La psicología del cuerpo cala la fisiología del mismo modo en que el sistema nervioso cala todos los tejidos.
Keith Critchlow

"Dibuja una persona, una casa y un árbol y agrega todo lo que gustes".

Nuestro objetivo con este "pedido" es ver si las etapas fundamentales de los primeros siete años de desarrollo han sido logradas de modo que la orientación espacial y el esquema corporal (geografía corporal) han sido completados. Es aconsejable realizar una evaluación del grado alrededor de los siete o siete años y medio –al comienzo del segundo grado. Un "punto de comprobación" puede ser dado por el maestro de grado con la ayuda del maestro de soporte educativo (terapéutico) (*Extra Lesson* 77, 87-88).

En un punto de comprobación, antes de pedir a los alumnos que dibujen, el maestro realiza junto con los alumnos, una serie de ejercicios designados a llevar movilidad a la totalidad del cuerpo, conectando al niño con todas las dimensiones espaciales, para desafiar la voluntad, para profundizar la respiración y vivificar la circulación. De ser posible, uno de los maestros demuestra y hace los ejercicios con los niños en el aula –el otro puede mirar y observar. Es importante involucrar a todos los niños en el conjunto completo de movimientos, de aplaudir y saltar y numerar tal como está descrito en *The Extra Lesson*. Después se da la consigna de arriba para el dibujo.

La siguiente es una interesante observación del pasado: el pedido original para el alumno siempre fue el de dibujar un "hombre", casa y árbol. Comúnmente los varones dibujaban una figura con pantalones; las figuras de las niñas llevaban polleras. Ocasionalmente un niño dibujó una figura femenina, lo cual sugiere que su organización ego–astral se hallaba posicionada en la imagen femenina del cuerpo etéreo masculino. Con una niña dibujando una figura masculina, la organización ego-astral está parada en la imagen masculina del cuerpo etéreo femenino. Los ejercicios de movimientos y el hablar (contar) antes de dibujar son efectuados para una impresión entre los cuerpos físico y etéreo y para que las organizaciones astrales y del ego tomen lugar a un nivel más profundo que lo usual (Steiner *Foundations of Human Experience* Conferencia 1 (GA 293). El cuadro resultante contiene el arquetipo de la estructura humana y la forma del cuerpo como la experimenta el niño. El mediador para esta impresión, es la respiración más profunda, inducida por los saltos que activaron el fluido cerebro-espinal (Steiner *Balance in Teaching* Capítulo 3 (GA 302 a).

Que se produce una esmerada impresión a raíz de los movimientos y la respiración más profunda, nace de las investigaciones de Robert G. Heath acerca del impacto de estimulación del cerebelo sobre emoción y conducta –el impacto del cuerpo sobre el cerebro– reseñado por Svea Gold ("No Miracles" Academic Therapy Noviembre 1985). Allí ,ella apunta a un nuevo estudio de los dermatomas (áreas solapadas de la piel de los seres humanos), el que muestra que el mensaje nervioso de los dermatomas pasa por la espina dorsal, forma un "mapa" completo del cuerpo en la región cerebral del tálamo, desde dónde los mensajes nerviosos son enviados al córtex. El artículo plantea que se cree que existe un mapa similar del cuerpo en el cerebelo, el cual es responsable de y es influenciable por movimientos generales, hasta de aquellos que ocurren en el útero. Pueden imaginar con cuánto deleite descubrí esta información neurológica, mucho tiempo después de haber reconocido la objetividad de los cuadros que mis alumnos dibujaban después de haber efectuado la secuencia movimiento-habla mencionada más arriba. Como lo había indicado Rudof Steiner, las verdaderas ciencias naturales siempre confirmarán los resultados de las investigaciones científico espirituales.

Otro fenómeno importante es la repetición de ciertas características y de elementos que frecuentemente faltan en los dibujos. Comparen la variedad de árboles y seres humanos en el libro de Rhoda Kellogg y aquellos dados por Herbert Read, un investigador de la educación, escrito para recomendar que el arte ha de ser considerado como una asignatura en la curricula de cualquier escuela. En su libro, *Education through Art*, publicado en 1941, esboza el desarrollo de símbolos comunes que los niños utilizan en sus dibujos durante las etapas de desarrollo de los 4 hasta los 11-14 años. Puntualiza la pérdida de interés por el dibujo alrededor de los 13 años cuando el niño focaliza su atención en el lenguaje. El reavivamiento del arte sucede después de la pubertad. En el currículm Waldorf, el dibujo en blanco y negro es introducido en el noveno grado y el interés por el color revive en los grados posteriores. Es interesante notar la limitada variedad de formas en los dibujos y cuadros,en las ilustraciones del trabajo de los niños de Read, en contraste con la variedad de casas, árboles y figuras mostradas en la colección de Rhoda Kellogg *Analyzing Children's Art.*.

Antes de sumergirnos en la valoración de los dibujos de chequeo puntual de los niños, debería direccionar a aquellos lectores que hasta aquí sólo han estudiado las formas básicas del círculo, el triángulo y el cuadrado –por ejemplo, al contexto de la geometría y de las matemáticas. Cuando estas construcciones arquetípicas son tomadas desde su aspecto cualitativo, son despertados significados completamente nuevos y profundos. Quisiera recomendar al lector el trabajo de Keith Critchlow, un conferenciante del Instituto de Arquitectura Príncipe de Gales de Londres, cuya publicación, *The Whole Question of Health*, define la realidad simbólica moral que existe por detrás de estas formas. El puntualiza que el cuerpo humano en todas las culturas es tomado como el estándar de completud y significancia –el sistema perfecto en todas las culturas. El plantea que el cuadrado por ejemplo, es la forma de la orientación; nos ayuda a orientarnos y relacionarnos con el espacio de modo que nos podemos encauzar a nosotros mismos. Las cuatro paredes de protección también nos proveen un sentido de seguridad. Tales conceptos han sido elaborados adicionalmente en *Sacred Geometry* de Robert Lawlor (dibujo de la página 92) y confirma el postulado de Rudolf Steiner respecto de que la forma del ser humano es un cubo (*Balance in the World and Man* - GA 158).

Los maestros pueden tomar los dibujos del chequeo del grado y dividirlos en tres grupos (ver más abajo cómo determinar a cuál grupo pertenece cada dibujo):

I. Dibujos que evidencian que ha sido completado el desarrollo de la fase nacimiento hasta los siete años.

II. Dibujos en los que aún no ha sido completada esta o aquella etapa.

III. Dibujos que demuestran que no hay orientación espacial, tienen casas inmaduras, o les falta una persona o un árbol –inclusive una casa; ó que contienen dibujos desencajados de figuras humanas o figuras que demuestran una etapa de desarrollo previa de la secuencia, por ejemplo no ternario, como una figura dibujada por un niño de tres o cuatro años.

A fin de determinar a qué grupo pertenece cada dibujo, los maestros han de hacerse las siguientes preguntas cuando miran los dibujos terminados:

1) ¿Ha sido lograda la orientación espacial? Por ejemplo, ¿la casa del dibujo está retirada de modo que queda un espacio delante? ¿Está coloreada la casa? (Esto nos muestra la relación del niño con la dirección espacial delante-detrás.) ¿Hay un cielo? ¿El cielo toca la Tierra? (Esto muestra la orientación espacial arriba-abajo.) ¿La casa se encuentra en el centro de la persona y del árbol? (Esto muestra el establecimiento de la simetría y de la orientación izquierda-derecha.) ¿El dibujo es secuencial –persona (a la izquierda), casa (en el centro), árbol (a la derecha), por ejemplo, el niño dibuja en el orden dado? (Es de suma ayuda observar al niño cuando dibuja.)

2) ¿El dibujo de la persona humana está triestructurado? En otras palabras, ¿tiene claramente una cabeza, cuello y tronco con cintura, manos y pies? (Esto muestra que el niño ha completado la última fase de los primeros siete años, el crecimiento del sistema metabólico y que la geografía corporal ha sido establecida).

3) ¿La casa tiene ventanas? ¿Tienen las ventanas cruces, o cortinas, o ambos, cruces y cortinas? (Esto nos muestra una relación saludable con las impresiones sensoriales.) ¿Hay una chimenea con humo saliendo de ella? (Esto demuestra que el sistema metabólico del niño está activado.) ¿La puerta de entrada tiene un pomo, hay un sendero hacia la casa? (Esto denota que hay un camino de entrada y salida de la casa.)

¿La casa consiste de un cuadrado o de un rectángulo con un techo/ático con una línea de separación? (la casa arquetípica)?

GRUPO I – Estos dibujos muestran el desarrollo completo y las respuestas a las preguntas precedentes son afirmativas.

GRUPO II – Algunos dibujos muestran que una u otra etapa de desarrollo es débil o falta. Por ejemplo, los dibujos pueden tener una casa con ventanas en blanco, no tener chimenea, no tener puerta, techo/ático y casa no diferenciados (sin línea que los separe), la persona dibujada sin manos o sin pies, o faltando ambos, manos y pies, una figura humana sin cintura y sin cuello, brazos o piernas sobresaliendo del área del pecho, una figura con un cuerpo circular y miembros en forma de palitos.

Niños cuyos dibujos presentan algunas de estas discrepancias pueden regularmente (durante la clase principal o en prácticas periódicas), realizar cuidadosa y correctamente los ejercicios Move-in-Time (movimiento en tiempo) dados en *Toma Tiempo* (44–60) de Jean Hunt y Mary Nash-Wortham. Cuando la clase está realizando estos ejercicios, estos niños han de ser observados cuidadosamente para ver que el movimiento sea hecho comprometiendo al cuerpo completo: los brazos estirados con gracia, los pies bien ubicados. Es bueno llamar a estos niños al frente para realizar los ejercicios –recuerden reconocer y mostrar aprecio por los esfuerzos y superación del niño.

GRUPO III – Los dibujos de esta categoría muestran que estos niños están siendo retenidos en una etapa de desarrollo previa y tienen más que un hueco en el desarrollo sensorio y de movimiento de sus primeros siete años. Muchos dibujos tendrán los motivos sólo delineados utilizando un solo color; comúnmente verde. Uno o más de los tres motivos pueden faltar; si el maestro repite la secuencia de los motivos oralmente, será ignorado. La persona humana puede aparecer como una figura tiesa o puede estar distorsionada. La casa puede ser que no tenga ventanas, que no tenga puerta o puede ser que no tenga la forma arquetípica cuadrado/rectángulo con techo triangular. Niños de estas características se beneficiarán de una valoración por parte del maestro del área de soporte educativo (terapéutico) para determinar el mejor camino para acompañarlos en el desarrollo de las tareas y cómo darles la oportunidad de recapitular el desarrollo de los siete primeros años (McAllen *Extra Lesson* Capítulo 4).

Ahora miraremos las faltas o aspectos aberrantes de los arquetipos por separado en los dibujos y qué podrían estar significando.

La Casa

El arquetipo de la casa es la memoria del desarrollo original de la forma humana durante los períodos evolutivos del Viejo Saturno, Viejo Sol y Vieja Luna (Steiner *Outline of Esoteric Science*). Cada vez que el ego reencarnado entra al mundo espiritual después de haber vivido en la Tierra, la individualidad ha de reaprender, mientras pasa de un signo zodiacal al próximo, como reconstruir su arquetipo. En la Tierra, los signos zodiacales se metamorfosean en sistema nervioso y varias partes del cuerpo; así, el templo en el cual ha de vivir el espíritu lleva el arquetipo cósmico. Pero la memoria de estas "lecciones" de los dioses quedan empañadas cuando la individualidad encarnada va en busca de los rasgos astrales dejados detrás en la esfera lunar desde la última encarnación y/o si interfieren dificultades del medio ambiente en etapas tempranas de desarrollo de la infancia. (Ver Capítulo 1.)

Cuando no hay línea divisoria entre la base del techo/ático y el cuadrado/rectángulo de la casa podemos sospechar que la organización espíritu/alma está absorbida/chupada adentro del proceso orgánico. Deberíamos preguntarle al maestro del grado si este niño tiene dificultades para despertar en las mañanas, si es revoltoso/intranquilo en clases, tiene una memoria endeble. ¿Omite letras al escribir palabras; cuando escribe copiando, pierde su lugar (indicando una pobre memoria visual)?

También miramos la cantidad de *ventanas* dibujadas en la casa:

Cuatro ventanas remiten al sistema rítmico, al corazón y sus cuatro cavidades. El corazón también es un órgano sensitivo, regulando/percibiendo todo lo que entra al cuerpo mediante los sentidos y mediante el metabolismo, el proceso de arriba y de abajo. Cuatro ventanas indican un desarrollo armónico entre el alma-espíritu y los cuerpos físicos (*Extra Lesson* 85, *Sleep* Capítulo 4, Steiner *Foundations of Human Experience* Conferencia 1).

Tres ventanas remiten al lado derecho del cuerpo; aquí hay una trimembración. (Ver nota al final del capítulo 1.) Tres ventanas indican que el cuerpo astral se halla bien impreso en el cuerpo etéreo.

Dos ventanas remiten al lado izquierdo del cuerpo. (Ver nota al final del capítulo 1.) Dos ventanas indican que la organización yoica (ego) está demasiado fuertemente involucrada en la estimulación sensorial del cuerpo físico (Steiner *Foundations of Human Experience* Conferencia 1).

Una ventana remite a que el niño se halla dominado por tensiones causadas por el desequilibrio proveniente del proceso del lado izquierdo y derecho del cuerpo. El ego y el alma del niño todavía se halla absorbido en el repliegue de las esferas planetarias que trabajan en su organismo durante el sueño. De día "sueña" dentro de las fuerzas instintivas de su metabolismo; en otras palabras él está "llevando al caballo en lugar de cabalgar". (1)

Sin ventanas: aquí el niño todavía está experimentando su cuerpo como un objeto, una continuación de la tercera etapa de sueño, pero ahora en una condición de vigilia en la que su alma se halla en un estado de empatía con su entorno y los adultos de su medio ambiente. Uno podría decir que todavía está en la conciencia previa a los tres años de edad en la que el ego lleva al cuerpo desde fuera. Tiene poca protección para con el impacto sensorial proveniente de su medio ambiente —las impresiones sólo lo atraviesan, como lo hacen en un infante y un niño pequeño. (2)

Cruces en las ventanas. Los niños dibujan cruces en las ventanas tanto si en su medio hubiesen o no este tipo de ventanas. Las cruces pueden ser vistas como una expresión de la habilidad para "filtrar" las impresiones sensorias no necesarias, lo sobre estimulado. Ventanas con cruces demuestran que el niño puede tomar y procesar las impresiones sensorias que lo benefician, percepciones que apoyan cada tarea con la cual se halla involucrado. Sin cruces en las ventanas, uno cobra la sensación de que las impresiones sensorias dejan anonadado al niño.

Otra tema común a las ventanas es tener muchas ventanas ubicadas en fila justo por debajo de la línea de separación del ático y el cuadrado o rectángulo de la casa (figura 5a y 12). Otra vez, esta es una joven tendencia frecuentemente vista en dibujos de niños de 5 a 6 años de edad. El niño pequeño es uno con sus impresiones sensorias y aquí muestra, al borde entre cuerpo y alma, cómo son recibidas las impresiones sensorias.

Rudolf Steiner puntualiza que el sueño tiene un enorme significado para la condición de vigilia. Para una comprensión de estos motivos arquetípicos es esencial leer "Una exposición de la experiencia zodiacal y planetaria" en su ciclo de conferencias *Esferas Planetarias y su Influencia en la vida del hombre en la Tierra y en Mundos Espirituales.*

El *techo/ático* como imagen arquetípica del alma –el triángulo- tiene dos motivos bastante comunes. Cuando una ventana con una simple cruz (cruz vertical/San Jorge o cruz diagonal/San Andrés) es dibujada en el ático, siguiendo la pista que da Steiner en cuanto a la conexión entre el loto de dos pétalos (chakra) y el pensar, podemos considerar que el dibujo del niño nos muestra que las fuerzas formativas no han retrocedido de su tarea en la cabeza, donde el poder de pensar del alma se halla reflejado. (Ver capítulos 1 y 2.) Después de los tres años, las fuerzas formativas bajan de la cabeza para trabajar en el tronco superior durante el tercio medio de los primeros siete años. Este mismo tope de las fuerzas formativas en la cabeza se ve cuando la persona es dibujada usando *sombrero*. (3)

Una ventana en el ático sugiere que este individuo hubo de contender por un desarrollo interno del alma, en algún tiempo pasado (en el curso de una vida pasada) (desarrollo de chakras). Investigaciones han demostrado que la ventana del ático desaparece después de los 12 años o más cuando los alumnos han completado la serie de Ejercicios Color Moral y si son menores de 12 años, la serie de pinturas del Sol Amarillo en el Cielo Azul. (4) Esta desaparición puede indicar que el elemento alma ahora está apropiadamente conectado con el cuerpo y listo para llevar a cabo las tareas de esta vida.

La *chimenea* es el elemento que muestra la forma en la que están trabajando las fuerzas de la voluntad en el cuerpo. Cuando no hay humo emergiendo de la chimenea, la voluntad no está suficientemente activa; existe apatía en las fuerzas de la voluntad. Si no hay chimenea, la voluntad no se halla suficientemente involucrada en la actividad corporal ya sea en el elemento físico-neurológico o en el sistema metabólico. Si, después de un período de actividad terapéutica, la imagen de la chimenea queda inalterada, se sugiere intervención médica antroposófica.

La *puerta* indica una vía de acceso al y desde el cuerpo, especialmente cuando hay un pomo. La ausencia de puerta o de pomo sugiere dificultad para sostener el cuerpo de un modo armónico; los padres muchas veces comentan que el niño tiene dificultades para dormirse y/o para despertarse. Niños pequeños muchas veces dibujan la puerta adosada a la pared, más que ubicada más o menos centrada en la casa. Esto, en un dibujo evaluativo de la persona, la casa, el árbol puede ser un signo de inmadurez, tanto en relación al desarrollo físico como a nivel del alma.

La Persona

El dibujo de este arquetipo nos da una imagen espejada de las dificultades que el alma ha encontrado durante los primeros siete años de desarrollo del niño. La imagen de la persona indica la capacidad del alma para hermanarse con el arquetipo, cómo el niño está incorporando y tratando con su heredad personal y su destino. El modo en que ha sido dibujada la persona corrobora y da una indicación de cuál etapa de desarrollo durante el período del nacimiento a los siete años puede haber estado impedida. El modo en que han sido dibujados los miembros, manos, pies, cuello, tronco y otras partes de la figura da una indicación de cómo el niño se siente en su cuerpo. Estos aspectos muestran el proceso de impresión del cuerpo físico en el cuerpo etéreo –si el desarrollo de la geografía corporal/conciencia, arquetípicamente a los siete años, ha sido completado de modo que el niño pueda aprender nuevas habilidades sin desmedidos esfuerzos.(5

Aspectos de la figura que han de ser observados:

–¿Es la figura trimembrada con la cabeza confortablemente descansando sobre el cuello? ¿O falta este factor y la cabeza ha sido embarazosamente colocada sobre el tronco?

–¿Un brazo –o ambos– están estirados hacia los lados del cuerpo? ¿Sobresalen del cuerpo desde los codos (o como si saliesen de la cintura) de modo que hacen una cruz en relación a la espina dorsal?

–¿Es un hombro más alto que el otro?

–¿Los puntos de la cadera son iguales?

–¿Es una pierna más larga que la otra? ¿Es una pierna más delgada que la otra?

–¿Faltan los pies o son de tamaño desigual?

Cualquier combinación de lo expuesto, o una de ellas muy pronunciada, sugiere que puede haber compresiones estructurales (obstáculos) para el natural funcionamiento del sistema nervioso, afectando la coordinación u otra habilidad corporal o proceso, p.e. en dirección a la falta de integración del sistema vestibular (sentido de equilibrio) y/o sentido del movimiento propio (propiocepción).(6)

Estas configuraciones del dibujo de la persona nos cuentan que hemos de preguntar respecto de detalles del nacimiento. ¿Ha sido un nacimiento prolongado o precipitado (segundo nivel del proceso de nacimiento), una expulsión súbita o con uso de un fórceps o una extracción por vacío? ¿El primer llanto fue débil? ¿Ha habido llanto inexplicable durante los primeros meses de vida, especialmente cuando el bebé estaba siendo acostado para dormir? Con una historia de este tipo, la ayuda de osteopatía craneo-sacra sería deseable para regularizar y tratar posibles corrimientos de huesos craneales y de la estructura espinal.

Otra posible razón para distorsiones de este tipo en el dibujo de la persona son accidentes a temprana edad, por ejemplo, caídas súbitas como caer de la mesa cuando se están cambiando los pañales, caerse de la sillita alta, caerse algunos escalones por las escaleras, o tumbos cuando el reajuste natural pudo no haberse dado. Naturalmente, los párvulos se caen constantemente cuando corren y juegan, pero esto forma parte del ajuste en la habilidad de aprender a manejar sus cuerpos. Se trata de caídas inesperadas, súbitas cuando, por ejemplo, el niño se cae porque ha omitido un peldaño de la escalera, o inesperadamente se golpea fuerte y ruidosamente la cabeza contra un objeto, lo cual puede causar sutiles dislocaciones (en huesos craneales y/o estructura espinal) y shocks que se transforman en tensión muscular, impiden el fluir del movimiento entre la voluntad y la acción. Ellos debieran ser investigados con mucho cuidado y amorosa simpatía, los padres pueden haber suprimido estos eventos de su memoria por sentir profunda culpa y latente ansiedad. Debemos comenzar asegurándoles que los efectos de ese tipo de accidentes pueden ser aliviados y que es posible un nuevo comienzo en el desarrollo.

Después de un tratamiento de este tipo, hemos de ver que al niño se le den una serie de ejercicios que le permitirán experimentar los movimientos motrices finos y las habilidades relacionadas que el tratamiento craneo-sacral ahora le posibilitan. Hemos de recordar que los movimientos compensatorios previos estaban insertos en los hábitos de vida y que las nuevas posibilidades no necesariamente serán asumidas espontáneamente. Por ejemplo, cuando los oídos de los niños son limpiados después de haber estado empastado con fluido el oído medio, han de ser enseñados a escuchar y reconocer las palabras completas que previamente sólo oían parcialmente; estos niños frecuentemente se benefician mucho con una terapia del habla.

El Arbol

El tercer arquetipo que pedimos al niño que dibuje, es el árbol. El símbolo tiene muchas connotaciones, de desarrollo y míticas. Comienza a desplegarse tempranamente de los garabatos que llegan a ser circulares y tienen una línea rezagada hacia abajo. Michaela Strauss (*Understanding Children's Drawings*) nos aporta ilustraciones de estos motivos y su temprano desarrollo, desde sus comienzos orgánicos como parte de la forma humana, hacia su eventual bifurcación estructural guiando de izquierda a derecha, alargándose hacia el espacio y produciendo hojas a medida que el símbolo del árbol se separa a sí mismo de la figura de la organización humana.

El motivo del árbol muestra dos aspectos básicos: los pulmones como órgano de respiración y el sistema nervioso registrando cómo las impresiones sensorias están penetrando entre los cuerpos físico-etéreo y la organización (yoica) ego-astral. Ambo,s respirar y sentir, nos conectan con el mundo que nos rodea. Inhalamos aire que ha sido purificado por la actividad purificadora de la fotosíntesis entre la luz y el color de las hojas del mundo vegetal. El aliento de vida entra a nosotros por el "árbol" de nuestra tráquea y bronquios con sus bifurcaciones a los pulmones, llenando las "hojas" pulmonares –las bolsas de aire (alvéolos). El "árbol de la vida" está en nosotros y está retratado en nuestra tráquea, bronquios y pulmones, pero al revés. El árbol del conocimiento (Génesis 2:16-17) con su conciencia de muerte -la sangre cargada de dióxido de carbono- también se halla en nosotros.(7) Cuando el sol se pone a la noche, los árboles ya no inspiran el diario dióxido de carbono (el cual produce conciencia en nuestro organismo humano) y exhala el oxígeno dador de vida del día, ahora se revierte para inhalar el oxígeno y exhalar el dióxido de carbono como lo hacemos nosotros.

Este proceso, tan íntimamente ligado con la luz, vida sensitiva y conciencia, nos introduce al mundo de los cuatro éteres que sostienen la vida en este planeta. Ernst Marti nos da una descripción hermosa del trabajo individual de los éteres en la forma del árbol (*The Four Ethers*, Capítulo 2). El tamaño de los árboles y su apariencia espacial indican el efecto del éter lumínico. La estructura en red de las hojas, la bifurcación y formación de la corona del árbol revelan el éter tonal. El éter vital forma follaje, ramificaciones, y raíces en una unidad. El elemento tiempo de este árbol –su edad, cuando florece, cuándo pierde sus hojas –es el resultado de la actividad del éter calórico. La afinidad con estas cuatro actividades del cuerpo etéreo del universo se manifiesta en las múltiples formas en las que el niño dibuja el árbol.

Dos tipos de árbol aparecen reiteradas veces en el curso de un desarrollo normal. En el primero (A), el sistema nervioso, el órgano del cuerpo astral, predomina y en el otro (B), el alma-espíritu retrata su madurez y potencial futuro.

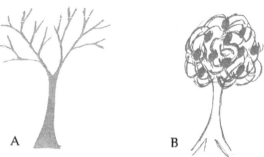

Abarcan estos tipos, quienes muestran el trabajo de los cuatro éteres como se describe más arriba.

En los árboles de niños con dificultades específicas de aprendizaje, hemos de ver cómo, en muchas instancias, el sistema respiratorio en su función ha quedado en una etapa más joven y ha sido impedido en su crecimiento hacia el ritmo y uso adultos que normalmente toma lugar durante el cambio de los nueve años (ver capítulo 1).

En niños después del cambio de los nueve años, este retraso madurativo se representa en dibujos en los que la casa se halla atrapada en las ramas del árbol o la persona se halla sentada en la hamaca (que cuelga del árbol) en lugar de estar parada al lado de la casa. En ambos el cuerpo ternario en cabeza, pecho y tronco está siendo retenido. Pueden adicionarse ejercicios de habla para apuntalar el desarrollo de estos niños.

Árboles con agujeros. Estos agujeros podrían ser sólo un esbozo, un agujero con una ardilla u otro animal en él, o un agujero coloreado en negro (figuras 13 y 14). Estos agujeros usualmente indican que ha habido recientemente (o que está por venir) un resfrío en el primer caso y quizá asma en el segundo. Más allá de estas dos variaciones de la función respiratoria, tenemos un indicio de un shock de algún tipo que aún está reverberando en el organismo. La respiración del niño ha reaccionado, por ejemplo, boqueando súbitamente o conteniendo el aliento en respuesta a esta experiencia o experiencias.

Figura 12 Hilera de ventanas bajo el techo.

Figura 13 Variaciones de árboles, dos con agujero en el tronco.

Los árboles pueden ser *talados*, tener una daga o un hacha inserta en ellos o tener un corte (figura 15). En estos casos alertamos al maestro de grado y sugerimos que recomiende una consulta médica para normalizar posibles dificultades respiratorias u otras.

"..... y agrega todo lo que gustes".

Quedarán sorprendidos de ver cuántos niños no desean dibujar más que aquello que les ha sido encomendado. Aquí vemos cómo la impresión entre los cuerpos físico-etéreo por un lado y la organización ego-astral por el otro, no ha sido tomada suficientemente por el cuerpo. Esto, no obstante, la afluencia adicional del fluido cerebro espinal que ha sido activado por la respiración más profunda mediante las palmas/saltos/rutina continuada que el niño ha desempeñado antes de la comprobación o de la evaluación mediante el dibujo de la persona – la casa – el árbol *(Extra Lesson 77)*.

El Sol

El sol muchas veces es ignorado. La mayoría de los dibujos de un niño feliz y que se halla en armonía, tienen un sol. En los primeros años –durante el Jardín de Infantes- este motivo se mueve de lado a lado en los dibujos del niño. La experiencia y la observación han demostrado que cuando el sol está del lado *izquierdo* (en el período de los tres a los siete años), el niño está dominando una nueva etapa de desarrollo y su alma se halla inmersa en el aspecto del crecimiento corporal. Cuando se mueve hacia el lado *derecho*, esa etapa ha sido cumplimentada y el niño disfruta de la consolidación de la etapa de crecimiento cumplida y se prepara para la próxima fase de desarrollo, ¡casi como Dios creando la Tierra y descansando el séptimo día! Con el sol en el *centro* de la página, normalmente flotando por encima de la casa, uno tiene la impresión que por un momento el alma-espíritu se contempla a sí misma. Rápidamente pasa al lado derecho, quizá en el próximo dibujo, o cuando el niño crece, o cuando la ayuda que está recibiendo hace su efecto.

A veces el sol tiene una *cara* como si mirara hacia abajo sobre su trabajo (figuras 4b y 16). Los niños en el Reino Unido durante los años 50 y un poco antes solían dibujar brillantes soles amarillos con rasgos rojos. Cuando los niños cumplían ocho años dejaban de hacer esto. Las caras en el sol, siguen siendo comunes tanto en el *color afín al ojo* (*Extra Lesson* 55-61) o en los dibujos persona-casa-árbol (*Extra Lesson* 75-87). Este elemento infantil del alma tiende a desaparecer cuando al niño se le da la oportunidad de dibujar el *Color Afín al Ojo* varias veces, de semana en semana o quincenalmente.

En los dibujos de niños con dificultades, maestros de apoyo o del grupo terapéutico muchas veces encuentran el sol del lado izquierdo del papel. El cambio hacia la derecha sugiere que el alma ha sido liberada de su prolongada implicancia en los procesos corporales y puede progresar hacia los logros de las habilidades requeridas por el grupo.

Una observación adicional de los dibujos del sol demuestra un diseño en zig-zag alrededor de la esfera solar (figura 16). Esto nos advierte que el pulso craneal no está funcionando libremente. También hemos observado este diseño en zig-zag en los garabatos sobre las hojas del árbol (especialmente en la palmera). En estos casos, hemos de remitirnos a la historia temprana del niño para ver si hubo una caída de cabeza o un nacimiento complicado que pudo haber afectado el alineamiento de los huesos craneales. Nacimientos vaginales siempre causan un corrimiento de los huesos craneales. En el pasado, el período de seis semanas de plena tranquilidad después del nacimiento, en las que se permanecía en la tranquila atmósfera hogareña, permitían que se produjera un realineamiento. Hoy a muchos bebés muy pequeñitos se los lleva a todas partes, al supermercado cuando tienen dos semanas de vida, se los pasea en carritos y no se les brinda un tiempo suficiente de "recuperación" después del nacimiento (*Extra Lesson*. Capítulo 1). Si hubiese habido un trauma, el maestro puede recomendar que los padres busquen el consejo de un profesional en osteopatía, quien está entrenado en la gentil técnica terapéutica craneo-sacra (Elizabeth Hayden *Osteopathy for Children* y *Learning Difficulties* 80).

El primer ejemplo que tuve de este diseño en zigzag fue en un dibujo persona-casa-árbol tomado por un euritmista terapéutico mientras el niño esperaba ser atendido por el médico escolar. Básicamente se trataba de un dibujo "vacío", sin arriba/abajo (cielo y tierra) ni casa, sólo un árbol delineado con ramas en forma de Y desde el tronco, una rama cortada más abajo a la derecha y un corte en V en el tronco. Una figura, un hombre, también delineado en verde, triestructurado, pero sin cuello, sostenía un hacha con la que recién había cortado el tronco del árbol. En la cabeza del hombre había una corona con diseño en zigzag. El alumno tenía ocho o nueve años de edad.

Estaba conmigo la maestra de apoyo terapéutico. Ella afirmaba que esta "corona" sólo era una imagen remanente de un cuento y que no tenía mayor significado. Yo tuve mis dudas y pedí la historia clínica e inquirí al respecto de porqué estaba viendo al doctor. El niño, hacía algún tiempo había tenido una conmoción cerebral y los efectos aún se hacían notar. Esta observación ha tenido lugar en los años '70.

La experiencia desde entonces, ha comprobado que este diseño en zigzag siempre indica que los maestros han de indagar sobre el nacimiento del niño y han de descubrir si hubo golpes en la cabeza, ya que

Figura 14 Árbol con una lechuza en un agujero.

Figura 15a Árbol de abeto tema joven.

Figura 15b Talando un árbol

el diseño en zigzag muestra que el pulso craneal se halla bajo presión inadecuada. Las suturas –donde los huesos del cráneo están trabados- tienen líneas en forma de zigzag. Es un motivo que los maestros encontrarán reiteradas veces en varios lugares en el mismo dibujo, muchas veces garabateado sobre las ramas del árbol –siendo el árbol el arquetipo de la respiración/del aliento. Sean cautos y no confundan este diseño con la hilera de picos montañosos que los niños comienzan a dibujar cuando comienza la pubertad, generalmente en sexto grado. Estos picos muestran como el esqueleto está siendo el "mundo interno externo", empujando la conciencia, anunciando la llegada de las fuerzas de la pubertad. El techo en pico pertenece al arquetipo ternario del alma (pensar, sentir, voluntad) –el triángulo.

Figura 16 Zigzag alrededor del sol y cara en el sol.

Figura 17 Personas llevando sombrero.

Sombreros

Este también es un motivo dudoso. Todos los niños dibujan sombreros espontáneamente en sus dibujos en algún momento, especialmente alrededor de los nueve años de edad. Pero si aparece un sombrero en un dibujo evaluativo uno puede, realizando las preguntas apropiadas, descubrir si se trata de un signo en cuanto a que las fuerzas formadoras se han visto impedidas en alguna función preescolar. Esta función es el trabajo de las fuerzas formadoras hacia la completud del cuerpo físico; habitualmente esto se puede ver en el arrebato de crecimiento que tiene lugar entre los cinco y siete años de edad, finalizando con la etapa en la que las proporciones del cuerpo se armonizan. Durante este período, desde los cinco a los siete años, el niño sano tiene una imaginación muy activa, creando innovadoras situaciones de juego con sus amigos. Un impedimento de las fuerzas formadoras puede ser causado por una entrada muy temprana a la escuela, lo cual reclama la conciencia del sistema nervioso. El trabajo intelectual ha comenzado a muy temprana edad, y el cuerpo etéreo no ha podido completar la tercera etapa de los primeros siete años: su trabajo en los miembros y en el sistema metabólico. (Ver capítulos 1 y 2.) Una vez que el sistema nervioso ha sido despertado de este modo, la metamorfosis apropiada de las fuerzas formadoras ha sido interrumpida.

Una Cerca

Esto también es un rasgo de los primeros siete años. Como temprano, puede aparecer entre los 4 ½ años a los 5 años. Es el signo del "aquí estoy" lo cual se consolidará más tarde con el establecimiento de la geografía corporal y la orientación espacial totalmente desarrolladas.

En dibujos de niños a la edad de nueve años y mayores, una cerca sugiere que no han sido resueltos problemas asociados a la crisis de los nueve años (ver discusión abajo: un río). Esto se exterioriza en la casa muy pequeña, rodeada por un jardín y una cerca, y muchas veces "flotando" en la mitad de la hoja. Uno podría sospechar que en el niño hay sentimientos de aislamiento y hasta de timidez. Esto puede ser manifestado en pequeños comportamientos egoístas con otros niños: "NO, no te presto mi lápiz!"

Un Estanque

Este es un motivo que aparece a los 6 ½ años y se trata de un síntoma feliz. Usualmente tiene un pato, muchas veces tres patos, y aparece para indicar que la impresión ternaria está confiablemente anclada en el cuerpo etéreo. Si vemos esto en un dibujo realizado durante la clase de apoyo pedagógico, podemos estar muy contentos.

Una Isla

La casa en la isla no suele aparecer hasta los 12 o 13 años de edad y predice el comienzo de la pubertad. El dibujo de una vista aérea (que por lo general tiene un hombre pescando) nos habla de que el alma-espíritu no esta integrada al cuerpo físico-etéreo apropiadamente.

Un Río

Este motivo siempre se relaciona con el cambio de los nueve años, la gran división entre la conciencia del "Yo y el mundo" como esencias separadas. Cuando aparece un río en la evaluación de los 11 o 12 años y alumnos mayores, nos muestra que este nivel de desarrollo (el cambio de los 9 años) aún está afectando al niño, debilitando su sentido de identidad. Un hombre pescando en el río también es un signo de este tipo de inmadurez.

Animales

Estos ocasionalmente aparecen en los dibujos. Para "leer" la variedad de animales como símbolos, los maestros han de recordar que cada cuerpo astral incluye a todo el reino animal. Es mediante la actividad del ego que sus funciones son suprimidas y aparecen en la conciencia como el poder del pensar (Steiner *The Foundations of Human Experience* (antes publicado como *The Study of Man*) (GA 293) Conferencia 12 y *Spiritual Beings in the Heavenly Bodies and the Kingdoms of Nature*, Rudof Steiner Press, 2000). Cuando los animales son proyectados en un dibujo, muestran que algún elemento de la cualidad de este animal está siendo motivo de lucha en el alma del niño. Los animales arquetípicos que más frecuentemente suceden son: el caballo, el perro, el gato y pájaros.

Figura 18 Cerca.

Figura 19 Río.

Estos están presentes de un modo muy claro en "*El hijo del Rey de Irlanda*" de Padraic Colum.8) Muchas veces he sugerido estos cuentos de origen irlandés y celta como unos que llevan los motivos subyacentes de los maestros de apoyo y como un elemento de la imaginación para refrescar nuestras propias fuerzas. En el trabajo *Extra Lesson* los maestros están utilizando leyes científico espirituales; para ello es bueno "empaparse con el poder de la imaginación" mientras ejercemos nuestra vocación/profesión.

En esta historia, el hijo mayor del rey una mañana parte en su caballo, con su perro de caza a sus talones y un halcón en su muñeca y se encuentra con un hombre mayor sentado en una pila de piedras jugando a las cartas, ¡su mano derecha jugando en contra de su mano izquierda! Cuando lean la historia, noten los diferentes caballos que el hijo del rey de Irlanda va adquiriendo, el desairado corcel rojo, y finalmente un buen caballo de campo. El es el hermano mayor y ha de cargar con todo el peso de la herencia familiar. En contraste su último compañero es mantenido en la cuna hasta que cumple doce años, un número que denota el motivo de la recién adquirida identidad del ego. Presten atención a cómo los caracteres se presentan de a pares. Busquen el número tres y las fuerzas relevantes del alma y la forma en que son caracterizados los animales en esta historia. Espero que estas breves indicaciones los induzca a un viaje de exploración y os dé una visión en cuanto a qué les está contando vuestro alumno cuando realiza su dibujo.

Otras historias que pueden aumentar vuestra comprensión de los motivos de los animales son por ejemplo "*The Cat Who Walked by Himself*" de Rudyard Kipling o la de la ardilla en el Arbol Yggdrasil en las Historias Nórdicas para cuarto grado.

Tengo la esperanza de que este análisis permita a mi lector traducir estas "letras del alfabeto" de los dibujos de los niños en una comprensión en lo que el poeta describe en su "Cuento de Hadas" (Portada - figura 1). El siguiente pasaje es de la edición del año 1962 del Hijo del Rey de Irlanda de Padraic Colum:

La imaginación es el comienzo de la creación ... Imaginas lo que deseas; anhelas lo que imaginas, y por último creas lo que anhelas... Si los niños han de anhelar desde su imaginación y crear desde su anhelo, hemos de proveer para que su imaginación no sea sujetada y trivializada.

Recuerden que los dibujos que los maestros de apoyo interpretan (después de las secuencias de aplauso-contar-saltar que se implementan para una evaluación), contienen y revelan elementos no digeridos por el alma –problemas con los que el alma no está en condiciones de tratar desde sus propias fuerzas, a fin de superar su herencia y los obstáculos que crea nuestro medio ambiente material.

Estudiando y meditando sobre los dibujos que los niños producen de este modo (después de la secuencia aplauso-contar-saltar), los maestros tratan de descifrar qué es lo que el ángel-conciencia de la individualidad está tratando de contarles. Manteniendo esto en mente, logran captar aspectos aparentemente insignificantes en un dibujo.

También es importante trabajar en conjunto con el maestro del grado, preguntando por el carácter del niño y su situación hogareña que pueden haberse manifestado desde el dibujo. Estos aspectos amplían la imagen del niño que puede presentarse en el estudio del mismo (*Learning Difficulties*).

Todo lo descripto más arriba ha de ser considerado como lineamientos que han sido construidos a través de los años, desde la constante repetición de estos motivos originales. Ellos son parte de un alfabeto que forma las letras de la "palabra" que el niño intenta articular para sus maestros y que ellos han de leer.(9)

Otro aspecto importante a tener presente es que estos dibujos revelan la juxtaposición de las funciones constitucional y estructural del alma entrando en su cuerpo durante el tiempo crucial que va del nacimiento hasta los siete años (ver capítulo 1). Este es un factor objetivo para todos los niños y los cuadros no deberían de ser interpretados como revelando aspectos psicológicos en este momento. Ello viene en el próximo capítulo y es en su mayor parte el área del maestro del grado.

(1) A. McAllen *The Extra Lesson* 56, 83; *Sleep*, Capítulo 2 y Resumen; y *The Listening Ear*. R.Steiner, *Planetary Spheres and their Influence on Man's Life on Earth and in the Spiritual World* Conferencias 2 y 3; e Impulsión del acontecer histórico mundial por los poderes espirituales, Conferencia 2 (GA 222). F.S. Rothschild como citado por J.B. de Quiros y O.Schrager en *Neuropsicological Fundamentals of Learning Disabilities* y comunicado por M.E. Willby en *Learning Difficulties* 16.

(2) Rudolf Steiner *The Education of the Child* (GA 34). A. McAllen, *Sleep*, Capítulo 6; y "Identity and Personality" en M.E. Willby, *Learning Difficulties*.

(3) La flor de loto de dos pétalos está relacionada con la formación de los dos lóbulos frontales del cerebro, que reflejan la forma más elevada del pensar en nosotros. En el ciclo de conferencias sobre *Antroposofía* del año 1909, Rudolf Steiner describe cómo las flores de loto (chakras) organizan el cuerpo de fuerzas formadoras. El dice que el loto de 16 pétalos trabaja en la laringe, el loto de 12 pétalos en el corazón y el loto de 2 pétalos en la organización del cerebro. La serie de conferencias ha sido publicada como Sección 1 de *Psicosofía*. Steiner también describe las flores de loto en el capítulo 6 de *Iniciación, Un camino hacia el conocimiento* (GA 10). También ver A. McAllen, *Sleep*, Capítulo 4 y el artículo de Wolfgang Schad al final de *Understanding Childre's Drawings* de Micaela Strauss en el que describe cómo a los tres años se afirman los huesos frontales del cerebro, después de lo cual el niño dibuja un círculo cerrado por primera vez.

(4) A. McAllen, *Sleep* Capítulo 8 y *The Extra Lesson* 160-161.

(5) En *A Modern Art of Education* (GA 307) La vida espiritual del presente y la educación, Conferencia 3, Rudolf Steiner dice: "La educación griega se basa en el hábito –aquello que puede ser construido en la estructura misma del cuerpo humano. El desarrollo del cuerpo y sus funciones son llevadas inconcientemente. Sólo cuando las facultades trabajan inconcientemente son correctas; son confiables sólo cuando lo que he de hacer es implantado en la habilidad de mis manos y es realizado por si mismo, sin necesidad de reflexión adicional. Cuando la práctica ha llevado al hábito –entonces seguramente he logrado lo que he de lograr mediante mi cuerpo."

(6) Reuven Kohen-Raz, *Learning Disabilities and Postural Control* Capítulo 6. Elizabeth C. Hayden, "Osteopathy for Children" en M.E. Willby, *Learning Difficulties* 80-93.

(7) R. Steiner *Occult Signs and Symbols* (GA101) Mitos y Sagas. Señales y Símbolos ocultos, Conferencias 1 – 4; Sello VII: el cubo entre palomo y serpiente con iniciales rosacruceñas; "El árbol de la vida y el árbol del conocimiento" en *The Golden Blade* 1965.

(8) Padraic Colum, nacido en 1881, poeta, dramaturgo y crítico, encarna lo mejor de la literatura irlandesa renacentista de principios del siglo XX. Ha publicado muchos libros para niños, incluyendo *Homero para Niños*, *El Vellocino de Oro* y *Los niños de Odín*, todos ellos libros que pueden intensificar vuestra comprensión respecto del desarrollo del alma. También fue un tradicional narrador de historias. Fue conocido de uno de los maestros fundadores de la escuela Michael Hall Steiner en el Reino Unido y fue a la escuela para contar uno de sus cuentos. Toda la escuela se reunió y él se sentó cruzado de piernas sobre una pequeña plataforma elevada, ¡hamacándose de lado a lado mientras hablaba en un tono monótono durante todo el cuento! La atención de los niños nunca osciló.

(9) Rudolf Meyer, *The Wisdom of Fairy Tales*. Norbert Glas, *Once Upon a Fairy Tale*.

4
Colores

Antes de pedirles a los niños de primer grado y mayores que dibujen una persona-una casa-un árbol (habiendo realizado previamente la secuencia aplaudir-contar-saltar) los maestros han de asegurarse que los niños tengan toda la gama de colores entre lápices y pastas –dos tonos de verde, dos amarillos, dos azules, dos rojos, dos marrones, violeta azulado y violeta rojizo, rosado, negro y blanco. (Sería conveniente utilizar papel de 21 cm x 30 cm y pastas largas.(1) A pesar de la gama de colores disponibles, la tendencia es utilizar sólo unos pocos. La misma frugalidad en la elección de colores se presenta una y otra vez.

De observar a los niños, de estudios sobre niños y de preguntar al maestro de grado, con el transcurrir de los años, los maestros de apoyo han aprendido, que estos colores son los que nos llaman la atención desde ciertos aspectos anímicos que pertenecen a la esfera de la pedagogía en general. Algunas veces puede ser necesaria la terapia artística o la ayuda médica para acompañar a niños que eligen ciertos colores en particular. Esta necesidad puede surgir de una situación ya sea familiar u otra, o a partir de cualidades egoístas del niño, como ser celos o codicia. Los cambios habituales en las cualidades anímicas del niño pueden aparecer en la historia pedagógica en los grados inferiores y en las biografías en los grados superiores de la escuela primaria, también en los juegos del aula y los encuentros sociales dispuestos por el maestro. Estas necesidades del alma no pertenecen a la esfera de la pedagogía de apoyo o curativa, pero es necesario que el maestro de apoyo informe al maestro de grado respecto de la configuración anímica del niño, la que debiera ser encauzada durante los años escolares.

A continuación, una lista de combinaciones de colores repetitivas y sus conexiones anímicas.

Dibujos contorneados. Dibujos contorneados, sin fondo y objetos ubicados en una línea o en un lugar al azar en el espacio muchas veces son efectuados por niños que vienen al grado desde otras escuelas. Estos dibujos sugieren un alejamiento de su propia identidad. Cuando los contornos son dibujados en color azul, el niño frecuentemente es melancólico. Contornos verdes pueden indicar un entorno intelectual y una vida anímica vacía; podría ser que la familia viva en una atmósfera demasiado intelectual.

Verde. Cuando la persona, la casa y el fondo son predominantemente verdes, la intelectualidad en la vida hogareña está llevando a endurecer el proceso en el cuerpo etéreo. Esto puede ser peligroso en cuanto a la falta de movilidad en el pensar; otra consecuencia de ello puede ser el erotismo en la pubertad. A fin de apoyar el trabajo pedagógico general, algunas sesiones de terapia artística podrían ser útiles de vez en cuando.

Amarillo. Cuando predomina el amarrillo, p.e. en el techo y/o las paredes de la casa, un cielo amarillo, una persona con vestimenta amarilla, o la combinación de cualquiera de ellos, están trabajando las tendencias de egoísmo personal. Puede ser que se utilicen otros colores, no obstante la impresión definitiva está dada por el amarillo. En niños pequeños el verso personal puede estar basado en el sonido "N". (Ver McAllen *The Listening Ear* y Heinz Müller *Healing Forces in the Word and its Rhythms*.)

Rojo y Amarillo. Rojo y amarillo para la casa o la persona muestran que el niño tiene un fuerte sentido de su propia personalidad con timidez oculta.

Azul y rojo. Cuando son utilizados los colores azul y rojo en la casa o en la persona vemos que un nuevo nivel de desarrollo se está manifestando. Estos son los colores en los que el alma percibe el cuerpo y cuando aparecen, es un signo positivo.

Azul y amarillo. Azul y amarillo indican que el proceso terapéutico ha alcanzado un punto crítico. El ego-espíritu está recapitulando una etapa interrumpida o retrasada en el proceso de desarrollo de los primeros siete años.

Verde y amarillo. Verde y amarillo en la casa o la persona indican que están actuando los celos; puede haber rivalidad entre hermanos.

Violeta azulado. Violeta azulado (púrpura en los EEUU y violeta en el Reino Unido) en la vestimenta, en la cabeza o el tronco de la persona muestra que el alma se siente abrumada de responsabilidades. Cuando este color es utilizado en la cabeza, es probable que se esté esperando demasiada intelectualidad. Cuando es utilizado el violeta azulado para la parte superior del cuerpo, el alma se siente oprimida. Cuando es utilizado para las extremidades, se está apelando demasiado pronto a la voluntad.

Recuerdo un clásico ejemplo del uso del verde, amarillo y violeta azulado. La cara en amarillo, la parte superior del cuerpo en verde y el tronco y las extremidades en violeta azulado. La madre de este niño se había vuelto a casar. El bebé del nuevo matrimonio dormía en el cuarto del niño ¡y se esperaba de él, que llamara a la madre cuando el bebé despertaba y lloraba!

Azul-verde. Una figura azul-verde por lo general es dibujada por un niño melancólico.

Anaranjado. El anaranjado puede ser un color favorito en el Jardín de Infantes cuando los niños viven dentro de la corriente de su heredad personal. Si este color es utilizado en dibujos de casas y/o figuras por niños que ya tienen once o doce años, es probable que las fuerzas hereditarias estén impidiendo su desarrollo. Esto más bien es un problema médico y el médico escolar puede remediar la situación mediante medicación antroposófica.

Anaranjado y amarillo. Cuando son utilizados el anaranjado y el amarillo en la casa o en la figura, por ejemplo, el techo en anaranjado y las paredes en amarillo, o un saco amarillo y pantalones anaranjados, esto indica tendencias egoístas apoyadas por las fuerzas hereditarias del niño.

Anaranjado y rojo. Anaranjado y rojo son utilizados como una combinación cuando el alma no puede liberarse a sí misma del dominio maternal. Su uso clásico se da cuando la casa está en llamas.

Negro. Es necesario que el color negro esté disponible para los niños. Cuando este color no está a disposición ellos tratan de producirlo garabateando un color sobre otro hasta lograr algo similar al negro. Yo considero que esto no es pedagógico ya que degrada la pureza de los colores individuales y tal adulteración del color trabaja de modo insalubre en el alma. (El negro, por supuesto, no es para ser utilizado para pintar).

Los niños pintarán todo el cuadro en negro, también el cielo. No se trata necesariamente de una escena nocturna ya que muchas veces se exhibe un sol. El negro puede estar relacionado con la piel o envoltura de un objeto, una protección. Cuando el negro es utilizado por niños de diez años y mayores, puede ser un indicio de que el cuerpo está "opacado" y no está transmitiendo sus experiencias/percepciones al alma. Cuando es utilizado solamente en un área, fuertemente marcada, como por ejemplo un techo negro, pantalones negros, ventanas negras, o cuando hay un área indefinida pintada fuertemente en color negro, uno ha de sospechar que existe algún problema anímico o fisiológico que necesita ser ubicado mediante un estudio exhaustivo del niño y que han de ser implementadas medidas adecuadas.

Violeta-rojizo y rosado. El violeta-rojizo (magenta) y los tonos de rosa son, por último, un signo feliz. Son los colores del cuerpo etéreo, el color "encarnado" de la vida. El niño se está liberando a sí mismo de sus problemas y sus fuerzas están reviviendo. Un nuevo nivel de desarrollo se halla en progreso.

A partir de esta interpretación, espero haber podido dejar traslucir que el encauce de esta esfera anímica pertenece al área del maestro de grado. La pedagogía de apoyo se ocupa de la recapitulación de las etapas de los primeros siete años y su desarrollo–orientación espacial y esquema corporal (geografía corporal) -y el logro de las habilidades que le permitan ocupar su lugar en el grado y continuar con su educación. El maestro de grado es responsable del desarrollo de la vida anímica y de su potencial individual. En el próximo capítulo Joep Eikenboom nos provee de más indicios respecto de los colores, como son vistos desde el punto de vista de un maestro de apoyo.

(1) Para el uso de pastas cortas en relación al desarrollo de la mano, ver Schneider, "*Supporting the Development of the Hand*" y diversos artículos en AHE News (Association for Healing Education – Asociación para la pedagogía curativa) Noviembre 2003.

5

Cualidades de los Colores
que Surgen cuando Trabajamos con los Ejercicios de Lecciones Adicionales

Joep Eikenboom

James Lovelock, un científico que ha examinado la composición gaseosa de la atmósfera terrestre, ha llegado a la asombrosa conclusión de que la Tierra es un organismo que se contiene y regenera a sí mismo (*Gaia: A New Look at Life on Earth*). Esta original conclusión ha cambiado el concepto que había sido mantenido en el siglo diecinueve en cuanto a que el cosmos era análogo a un mecanismo de reloj. Otros científicos han tomado los descubrimientos de Lovelock y los han hecho extensivos al área biológica/botánica. Las fuerzas de la Tierra son perceptibles en el reino vegetal.

La investigación espiritual de Rudolf Steiner demostró que la Tierra también posee un cuerpo anímico (El ciclo anual como proceso respiratorio de la Tierra y las cuatro grandes festividades. La Antroposofía y el estado de ánimo. (GA 223) Adquirimos una impresión acerca de este cuerpo anímico cuando aprendemos acerca del mundo del color que vemos en la atmósfera que nos rodea. Estos colores aparecen mediante una constante interacción entre luz y oscuridad. Del mismo modo en que la luz estimula nuestro sistema nervioso –el cual es manifestación material de nuestro cuerpo astral (alma) – y regula nuestro ritmo vital (cuerpo etéreo), los colores en la atmósfera son manifestación sutil de la interacción entre el cuerpo astral y el cuerpo etéreo de la Tierra.

Cada persona tiene un cuerpo físico creado por un yo individual para entrar y vivir en él como en una entidad auto-contenida. Así también el planeta Tierra posee un centro espiritual y un ego. Este es el Ser Crístico

–el portador de las fuerzas vitales del universo por tres años– quien, mediante el evento del misterio del Gólgota unió estas fuerzas con los cuerpos espirituales de la Tierra para fomentar el desarrollo humano. (1)

La artista y antropósofa Liane Collot d'Herbois, ha realizado un intensivo estudio sobre los colores y la atmósfera. Liane Collot d'Herbois ha de ser reconocida como una de las más importantes investigadoras antroposóficas en el campo del color y de la pintura. La base de su trabajo ha sido la teoría del color de Goethe con los comentarios de Rudolf Steiner. Goethe puntualizó que los distintos colores son creados porque las nieblas de la oscuridad (*Trübe*) se mueven alrededor de la luz (ver María Schindler, *Pure Colour*).

Es interesante aprender que desde la luna uno no puede ver el cielo colorido del modo en el que normalmente lo hacemos desde la Tierra. En la luna, *los firmamentos* son increíblemente negros porque no hay atmósfera que cubra el espacio del universo. La luz del sol es insoportablemente brillante e intensa porque sus rayos brillan sin ser filtrados sobre la superficie de la luna. Sabemos que la luz pura y la absoluta oscuridad no son visibles para el ojo humano. Los astronautas nos cuentan que el polvo lunar, esparcido por los motores de aterrizaje o por las ruedas del buggy lunar, crean un interjuego de colores magenta y verde.

De todos los colores, este color rosa o magenta, es el color que más se asemeja la color que Rudolf Steiner define como "capullo de durazno". Negro, blanco, verde y capullo de durazno son los colores que Rudolf Steiner define como "colores de *imagen*" o "colores de *semejanza*". Estos cuatro colores poseen de acuerdo a Steiner, carácter espiritual (Steiner La esencia de los colores (GA 291)). Difícilmente desplieguen algún movimiento.

Cuando la luz es oscurecida por el primer velo de oscuridad, se crea el color verde. Para ser más exactos, este es el color verde esmeralda. Cuando miran el borde del panel de una ventana, pueden ver este color. El rosa magenta es creado por la primera luz que brilla a través de la oscuridad nebulosa de las nubes en la mañana. Estos dos colores –verde y magenta– pueden ser considerados opuestos.

Los otros colores que podemos observar en la Tierra han sido llamados "colores de destello" o "colores de lustre" por Rudolf Steiner (La esencia de los colores (GA 291)). Liane Collot d'Herbois describe el modo en que los diferentes colores se tornan visibles en la atmósfera como resultado del movimiento en forma de espiral de la oscuridad alrededor de un centro (Collot *Colour*). Este centro es formado por luz que sólo conoce una dirección, a saber en línea recta (figura 20).

Basándose en su observación del movimiento y la dinámica de los diferentes colores, Collot d'Herbois describió las características de cada color y mostró cómo cada color se crea en relación a la luz y la oscuridad. Adicionalmente a su trabajo artístico Liane Collot trabajó un largo tiempo con la Dra. Ita Wegman. Es así como ella aprendió a realizar pintura terapéutica, como apoyo de terapias médicas para varias enfermedades. Los descubrimientos e indicaciones pueden ser encontrados en su libro *Light, Darkness and Colour in Painting Therapy*.

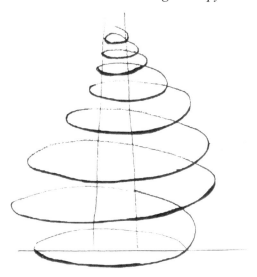

Figura 20 Oscuridad espiralándose alrededor de la luz.

En su libro, *Fundamentals of Artistic Therapy*, Margarethe Hauschka basó el capítulo sobre los diferentes colores en las indicaciones de Collot. Collot ha sido capaz de traducir las leyes del macrocosmos –en este caso las leyes del movimiento de la luz y de la oscuridad en conexión con el color (el cuerpo astral y el cuerpo etéreo de la Tierra) –a las leyes del microcosmos (el cuerpo astral y el cuerpo etéreo del ser humano).

Veamos cómo podemos usar las descripciones dadas por Liane Collot d'Herbois cuando miramos los colores que los niños eligen durante la lección especial de apoyo. Ella conecta las dos polaridades de luz y oscuridad con las fuerzas anímicas del pensar y de la voluntad:

El pensar ilumina. Es notable que todas las lenguas hablan del pensar como luz (una mente iluminada, vean la luz, amanece en mí, ocultar la propia luz, etc.). La luz interior es la gran portadora de nuestra conciencia. Desde este elemento humano de conciencia se distinguen los poderes de la antipatía: ellos forman, guían hacia un fin, crean distancia, analizan, causan la muerte. En el proceso del pensar, son creadas imágenes bien definidas. El pensar tiene la característica de que siempre revisa el pasado. Tan pronto como el pensar se focaliza en un evento, inmediatamente se mueve hacia el pasado. El pensar trata de crear una unidad –un mundo aislado, auto-contenido- en el que el ego aparece como sujeto y como objeto. El hecho creativo transforma la cualidad de comprensión y observación y eleva el pensar más allá de la contemplación del pasado y su análisis.

La voluntad, en contraste, surge del área inconsciente que experimentamos como oscuridad. El pensar está centrado en la cabeza y la voluntad está centrada en el sistema metabólico, en el que el impulso hacia el movimiento, hacia el futuro ser, surge mediante el intercambio de nutrientes. Toda voluntad tiene carácter de germinación; comienza en oscuridad –sin forma, en caos- como una semilla que cae a la Tierra. Así es como un impulso, que es alimentado en el elemento de nuestra voluntad, se desarrolla para manifestarse en un futuro.

Entre los dos esfuerzos espirituales del pensar y de la voluntad –que están conectados en el cuerpo físico con el sistema nervioso y el proceso metabólico respectivamente- se activa a la vida el sentimiento.

Mientras el pensar ilumina desde dentro del ser, podemos experimentar la oscuridad como algo que se mueve desde la periferia, encerrando, desarrollando e impulsando. Podemos, hasta un cierto punto, sentir el secreto de la voluntad creativa –que no comprendemos- por medio del significado del área en el que respira el sentir, que oscila entre el pensar y la voluntad y, haciendo esto, crea movimiento y vida. El sentir sucede a modo de ensueño. Guía a un área subjetiva. Podemos decir con certeza, "Yo siento", pero no podemos sentir los sentimientos del otro. El sentir oscila entre la simpatía y la antipatía, en el que vivenciar y el experimentar trabajan inmediatamente, en donde el humor sigue al humor, coloreando nuestras percepciones. El sentir media entre las actividades del radiante, ingrávido pensar y la condensada voluntad. Como los colores que surgen a intervalos entre la efectivamente invisible luz y la efectivamente invisible oscuridad en el mundo perceptible, tenemos un arco iris interno, el que ha sido formado por el movimiento de la mente y el estado de ánimo. Nos vemos involucrados con esto cuando tratamos con colores.

-de un artículo publicado bajo el título "*Malen in Schichten*" (pintar en capas).

Ahora tomamos el diagrama que Rudolf Steiner ha dado en una de sus conferencias sobre el color. Steiner dibujó este diagrama en el pizarrón,

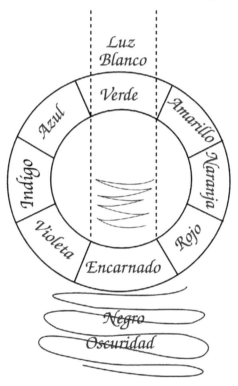

Figura 21 Diagrama cóncavo de los colores

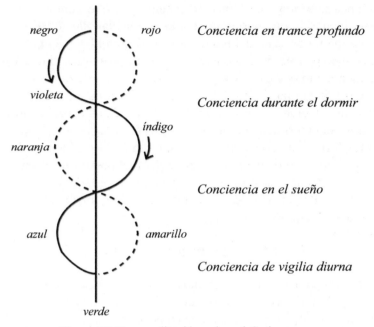

Figura 22 Una meditación sobre el Caduceo

dando una secuencia de colores y su relación con la luz y la oscuridad (La esencia de los colores (GA 291) Mayo 7, 1921). Cuando asumimos, como lo indica Collot d'Herbois, que la luz pertenece al pensar despierto (en la cabeza) y que la oscuridad se conecta con la voluntad (en los miembros y el metabolismo), podemos reconocer en el diagrama de Steiner una imagen del ser humano. Este diagrama nos da una imagen de los colores entre luz y oscuridad en el mundo objetivo exterior, pero también es una imagen para el proceso que interactúa entre el cuerpo astral y el cuerpo etéreo del ser humano. En este último caso, hemos de invertir el diagrama y poner la luz en la parte superior (figura 21).

La razón para el espejamiento cóncavo de este diagrama es que los diagramas de Rudolf Steiner normalmente han sido dados desde la perspectiva de estar mirando dentro del mundo espiritual. Es por esto que son un espejo astral de lo que se ve en el mundo físico. En su autobiografía Steiner describe cuán difícil le resultó traducir lo que él veía en el mundo espiritual a términos que se ajustaran a nuestro mundo sensorio perceptible. Cuando estudiamos la obra de Rudolf Steiner nos tenemos que preguntar constantemente: ¿De qué punto de vista está describiendo lo que observa, y cómo está hablándonos? ¿Está hablando del punto de vista del mundo astral, el mundo etéreo, o del mundo senso-perceptible de la conciencia durante la vigilia diurna? ¿Cómo traducimos lo que está describiendo?

Otro diagrama de Rudolf Steiner confirma nuestro punto de vista –una meditación sobre el Caduceo (figura 22)– y ver cómo en ella Rudolf Steiner ordena ciertos colores y cómo los conecta con las diferentes formas de conciencia.(2) Aquí vemos la conciencia de vigilia diurna con el color verde en la base del diagrama. En un ser humano parado en frente nuestro, esta conciencia de vigilia diurna se ubica en la cabeza. Por lo tanto este diagrama también –invertido– podría ser una imagen del ser humano.

Colores que aparecen ante la luz

La oscuridad que se mueve frente a la luz aparece como colores desde el magenta hasta el amarillo-verdoso. Los diferentes colores frente a la luz en el ser humano están conectados con las fuerzas de la voluntad. Como lo hemos mencionado, las fuerzas de la voluntad tienen su representación física en las extremidades y en el sistema metabólico.

El color *magenta* surge cuando la primera luz suave y mansamente penetra la oscuridad. El magenta es el color que más se conecta con las fuerzas de vida del cuerpo etéreo. Aquí el cuerpo astral se conecta a sí mismo con las fuerzas de vida. Este color por lo tanto tiene efecto terapéutico. (En las pastas de la marca Stockmar el color *púrpura* es denominado violeta rojizo.) Es el color favorito de los niños más pequeños. Una compañía como Mattel hace uso de esto y vende muñecas Barbie envueltas en rosado.

El *rojo carmín* aparece como un cálido resplandor, un color sosegado. Se conecta con el fluir de la sangre y el metabolismo en sí. Hay menos oscuridad y sobreviene un lento movimiento.

El *rojo bermellón* es más dinámico que el carmín. En el bermellón es visible la lucha entre luz y oscuridad con mucho movimiento. En el ser humano se relaciona con la sangre que ha sido llevada a un movimiento ferviente. Uno puede hablar de nerviosismo en el alma que excita y genera movimiento en la circulación sanguínea. El proceso biliar también puede tener una participación en esto. Rudolf Steiner al rojo bermellón lo llamó "la ira de los dioses".

El *anaranjado* es un color que genera equilibrio; es un constante abrir y cerrar de velos de oscuridad que aumenta frente a la luz y que vuelve a decrecer. El anaranjado en el ser humano se relaciona con el proceso del hígado. El hígado juega un rol en la transformación de la comida en sustancias propias del cuerpo y en la limpieza de la sangre. El hígado a su vez ayuda a romper el cuerpo hereditario, dado al niño al nacer y en la construcción del propio cuerpo durante los primeros siete años.

El *amarillo* surge en una luz arrolladora. Forma y conquista la oscuridad. El amarillo se relaciona en el ser humano con las fuerzas de la simpatía en los sentidos y en el pensar. Al igual que el rojo pertenece a la voluntad en la sangre, el amarillo pertenece a la voluntad en los sentidos y en el pensar. Es por ello que el amarillo es el color que podemos ver en conexión con la imitación a la edad del Jardín de Infantes. Niños pequeños están totalmente abiertos al mundo senso-perceptible a su alrededor. Ellos desean imitar lo que perciben a su alrededor mediante sus sentidos. Es así como aprenden a pararse, caminar y hablar.

El azul cobalto y/o marino con amarillo es una combinación favorita que solemos encontrar en dibujos de niños del Jardín de Infantes. También podemos ver esta combinación de colores en la llama de una vela. Los egipcios también tenían preferencia por la combinación de los colores amarillo y azul, como lo vemos en la máscara del sarcófago de Tutankamon. El ejercicio del sol amarillo en el cielo azul (*Extra Lesson* 160-161) está direccionado hacia esta combinación de colores. Hacer este ejercicio trae un nuevo impulso a las fuerzas formadoras del niño.

El uso excesivo de este color más allá de los siete años, podría indicar que el alma del niño vive en un mundo sensorio (pasión). El mismo elemento, pero llevado hacia la interioridad, es el egoísmo –ser muy introvertido (orgullo). La conexión del niño pequeño (del nacimiento hasta los siete años) con el mundo, que se manifiesta mediante la imitación, ya no es saludable a una edad más avanzada.

El *amarillo-verdoso* surge cuando un último velo de oscuridad cruza la luz. Es como si este velo de oscuridad se rompiese con la intensa luz en pequeños fragmentos que luego se dispersaran.

Acuarelas de Erica Eikenboom

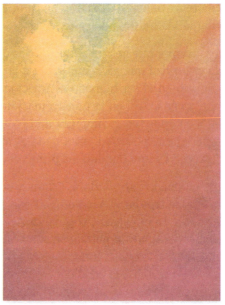

Figura 23a Colores frente a la luz

Figura 23b Colores detrás de la luz

Figura 24 Colores frente a y detrás de la luz.
Acuarela de Erica Eikenboom.

El *verde* es el centro de los colores. Como lo indicáramos anteriormente, el verde aparece con el primer encuentro de la luz y la oscuridad. El *verde esmeralda* es el color a través del cual el yo encarna en el ser humano. Está relacionado a la columna vertebral. Margarete Kirchner-Bockholt *(Die Menschheitsaufgabe Rudolf Steiners und Ita Wegman* – La tarea de la humanidad según Rudolf Steiner e Ita Wegman) formula esto del siguiente modo: Verde es el color del Cristo, cuando aparece el verde en lo que está vivo. El verde brotando y en ciernes en primavera es el color del Cristo. De otro modo el verde es la imagen muerta de la vida. El verde, si no se halla espejado con la vida, se transforma en la imagen muerta del pensar.

Cuando vemos verde, especialmente verde esmeralda (verde azulado) usado en exceso y en lugares extraños en el dibujo de un niño –por ejemplo en el triángulo o cuadrado de la casa, en el tronco del árbol, de un modo poco habitual en la persona- es posible que procesos del despertar intelectual están teniendo demasiada influencia en el alma del niño. Lo intelectual puede estar imponiéndose al niño en sí mismo o en su entorno. Un exceso de verde "savia" (un color de Stockmar y de Windsor&Newton –el verde primavera de las hojas nuevas o del pasto), sin embargo, puede apuntar a un desenfreno (una imposición) de las fuerzas vitales.

Colores que aparecen detrás de la luz

Cuando la oscuridad es descubierta porque la luz brilla frente a ella, la oscuridad que aparece detrás de esta parte iluminada, se manifiesta en varios colores desde el turquesa hasta el violeta (*púrpura* para los Estados Unidos). Por lo tanto estos colores han sido creados contra un fondo de oscuridad. Collot d'Herbois a esto lo llama "los colores detrás de la luz" (Collot *Colour*). Nosotros mismos podemos observar esto cuando miramos a la distancia una montaña contra la luz. La montaña se nos aparece en varios tonos de azul. Un actor o artista de variedades mira hacia la oscuridad del teatro y ve una luminosidad azul alrededor de las luces del escenario que le brillan al rostro. Los diferentes colores detrás de la luz son relacionadas por el alma del ser humano con las fuerzas formadoras de la antipatía. Estas fuerzas de la antipatía tienen su representación física en el sistema nervioso del ser humano.

El *turquesa* es especialmente visible en el cielo cuando hace frío. Es el primero y el más suave color azul que aparece detrás de la luz. Es la tonalidad más fría del azul. Esto es, en contraste con el color cobalto. De acuerdo con lo que dice Liane Collot, el turquesa es el color más inflexible entre todos los colores, exceptuando al verde. El turquesa es tan claro que uno no puede percibir ningún movimiento en él. Este color corresponde en el ser humano a aquellas fuerzas de antipatía que le dan forma a la corteza cerebral y a los nervios. El azul prusia es un tipo de turquesa.

El *azul cobalto* ya ha sido mencionado como un color que contiene mucho más calor. El firmamento sobre el mar Mediterráneo, pero también la flor en el trigal dorado es de color cobalto. El cobalto siempre ondula en la distancia. Allí forma un espacio hueco, como la cúpula del cielo. En el ser humano, el cobalto está presente en los espacios huecos y órganos cóncavos: el cráneo, los riñones y la vejiga. El interior de la vejiga de hecho es de color azul cobalto.

El color *azul ultramarino* tiene más o menos la misma cualidad del color cobalto. Es una forma de cobalto, pero el ultramarino sólo es visible en atmósferas muy húmedas, como las que cubren un pantano. Los niños gustan de ambos, del cobalto y del ultramarino. En contraste con el turquesa y el azul prusia, el azul cobalto y el azul ultramarino tienen un carácter cálido.

El *azul índigo* aparece en el cielo en días melancólicos cuando no es visible el sol. Uno puede observar este color en la concha de los mejillones. Es un color que pide aislamiento y soledad. Es notorio que hoy día las personas muchas veces se visten de este color –¡los blue jeans! En el organismo humano, la piel cuida la separación creando el límite entre mundo interno y externo. Es por ello que uno puede relacionar el color índigo con el proceso de formar piel. También la formación de los huesos tubulares se relaciona con este color. Los huesos del esqueleto se hallan separados del resto de la organización por una "piel" que recubre los huesos. Es por lo que podemos decir del esqueleto, que es el mundo tridimensional que llevamos dentro.

No es bueno que los niños usen este color cuando son muy pequeños. Atrae muchas fuerzas que ellos no pueden digerir (Collot *Colour* 41). Se entiende que Liane Collot d'Herbois aquí se refiere al uso del índigo en *pintura* (y no en dibujo). Aquellos de nosotros que alguna vez hemos pintado con índigo, hemos experimentado el efecto que produce pintar este color.

El color *violeta* (violeta azulado, púrpura en los Estados Unidos) aparece como el último de los colores detrás de la luz; por lo tanto se trata del último color antes de haber arribado a la oscuridad absoluta. Es un color que puede aparecer una tarde calurosa de verano. (En California el cielo puede ser de un hermoso violeta cobalto). Una bruma violeta descansa sobre la Tierra, porque el violeta puede ser muy transparente. Es misterioso y tranquilo. En el ser humano, el violeta azulado parece pertenecer a la edad madura. Es el color que nos lleva por sobre el umbral al final de nuestros días. Este violeta realmente no pertenece al niño pequeño.

Cuando los niños usan violeta-azulado en exceso en sus dibujos, podría tratarse de una señal en cuanto a que el alma está muy fuertemente aprisionada en lo físico. Esto puede haber sido causado por una muy temprana llamada a la responsabilidad del niño. O bien su opuesto, al niño no se le ha ofrecido suficiente espacio para desarrollar su propia voluntad a raíz de un entorno sobreprotector.

El último de los ejercicios de la serie de pinturas *Moral Color* de Audrey McAllen, es pintado usando el violeta-azulado, el cual ha sido oscurecido un poco con negro (*Sleep* capítulo 4). En esta pintura, estos dos colores representan la experiencia que las almas pueden tener del peso del cuerpo físico. En el interior de este violeta-negro se ha creado un cuadrado que está pintado con amarillo y azul cobalto (ver también el párrafo referente al amarillo) representando las juveniles fuerzas anímicas de simpatía y antipatía que necesitan formar y habitar el cuerpo físico como su "casa".

Colores de la Tierra / terrestres

En estrecha proximidad con los claros colores de la atmósfera, también hay, por supuesto, circunstancias en las que la luz penetra la oscuridad insuficientemente. Allí cobran vida los así llamados "colores terrestres". El amarillo claro muy rápidamente puede hacerse un marrón ocre cuando la atmósfera se hace más densa y pesada. Podemos apreciar esto cuando hay polución en la atmósfera. El anaranjado y el bermellón pueden hacerse siena adusto y tímalo/umbria crudo; carmín y magenta se hacen marrón rubio y siena adusto tirando más oscuro al *caput mortem*. Es notable que este tipo de colores muchas veces llevan nombres geográficos: crudo o siena adusto, tímalo/umbria crudo o adusto (umbria), rojo venecia, amarillo nápoles, pero también azul prusia, azul delft, azul windsor y azul amberes. Como variante terrestre del turquesa, el azul prusia tiene la misma cualidad dura e inamovible. En las escuelas Waldorf se tiende a utilizar demasiado frecuentemente el azul prusia en pintura porque cuando se mezcla con amarillo, este color azul crea el color verde. En lugar de crear verde de este modo, podemos dejar que los niños usen otros tipos de verde. Ellos aman experimentar esta diversidad.

Los tintes verdes de la Tierra son verde oliva, "verde tierra" windsor y newton (verde con un poco de gris) y "verde savia" (el verde del pasto nuevo en primavera). Cuando estos colores son usados en exceso en los dibujos de los niños, puede significar que las fuerzas vitales o que el proceso que se conecta con el etéreo están muy en la superficie creando de este modo un bloqueo en la conciencia del niño.

En las funciones humanas los distintos tonos de marrón reflejan cómo se experimenta el proceso en el sistema linfático. Cuando este color es utilizado con demasiada frecuencia, uno puede tener la impresión de que el cuerpo astral y el yo no pueden penetrar e iluminar suficientemente el proceso del cuerpo etéreo. Fuerzas heredadas y posiblemente karma no resuelto, que está siendo arrastrado en el sistema linfático del ser humano, podría ser un obstáculo en una situación de ese tipo.(3) Cuanto más oscuro el marrón, tanto más alejados de la luz nos encontramos, y se presume que tanto más pronunciada es la participación de este elemento.

Los niños rara vez usan el gris. No se trata de un color que pertenezca al reino del alma pero se crea cuando uno trabaja con las cualidades espirituales de luz y oscuridad —como en los dibujos de carbonilla. En la atmósfera no encontramos gris excepto en las nubes de lluvia. Nubes blancas consisten de cristales de hielo; es por ello que reflejan la luz tan brillantemente. La luz no puede penetrar nubes formadas por gotas de agua porque este líquido es materia densa. Nubes grises predicen tiempo lluvioso. Con esto en mente, podemos entender que cuando los niños utilizan el color gris esto nos muestra que sus organismos no son suficientemente transparentes para el alma-espíritu.

El uso del negro en dibujos parece guiarnos hacia diferentes reacciones, muchas veces negativas, por parte de los actuales maestros de grado, igual que de los maestros de Jardín de Infantes. Este color tiende a despertar conexiones con la muerte, la depresión y otros elementos negativos del alma. Sin embargo, si miramos este color desde el punto de vista de la luz y la oscuridad, el negro representa la oscuridad, que no está conectada con las fuerzas de la muerte sino, al contrario, con los nuevos capullos de vida y los nuevos impulsos que viven en el subconsciente de la voluntad.

Durante una conversación con Liane Collot d'Herbois, Audrey McAllen y yo le preguntamos si ella estaba de acuerdo con nosotros en cuanto a que es necesario darles a los niños, también en el jardín de infantes, la oportunidad de dibujar con pastas negras. Su repuesta fue afirmativa: "Por supuesto, tesoro", dijo Liane, "porque el negro representa la oscuridad, tiene una cualidad envolvente como una concha que, por ejemplo, protege a un mejillón. Los niños pueden tener un enorme impulso de expresarse con este color."

El negro también puede estar indicando que el niño percibe áreas en su cuerpo físico que necesitan ser trabajadas, las que no han sido suficientemente penetradas. Niños que son nuevos en una escuela Waldorf, o que recién han llegado al jardín de infantes Waldorf, muchas veces toman este color. También niños que han comenzado una nueva etapa en su desarrollo pueden hacerlo por un tiempo. Un maestro puede notar el uso de este color y puede observar si el trabajo que está realizando con ese niño está dando frutos. Después de un tiempo dejará de usar la pasta negra. Entonces el niño sabrá aplicar el negro en las proporciones adecuadas y en el lugar apropiado (por ejemplo un gato, un cornejo, una chimenea negros).

En nuestro trabajo con *The Extra Lesson* hemos experimentado muchas veces que cuando los niños abandonan la "etapa negra" eligen el color púrpura (violeta rojizo). Esto significa que se han puesto en movimiento nuevas fuerzas vitales. Después de todo el púrpura es el color del manto real y, en los antiguos misterios, el atuendo de los iniciados. Parece ser que en esos casos se ha dado una suerte de resurrección. Sin el negro, esta resurrección no se habría podido poner de manifiesto.

Cuando maestros de apoyo toman notas sobre los colores que el niño utiliza a través del tiempo en el ejercicio de la línea movible (Moving

Line) y de la lemniscata, es posible reproducir una imagen del proceso de encarnación que genera el trabajo de apoyo. Podemos seguir el proceso de la encarnación, o presumir en dónde está el niño, cuando conectamos los colores que utiliza con la imagen arquetípica del ser humano que nos legara Rudolf Steiner en su diagrama del color (ver más arriba).

También en el dibujo de la persona-la casa- el árbol, los diferentes colores utilizados pueden darnos una imagen del proceso de encarnación del niño y una impresión respecto del área donde puede haber peculiaridades. Uno adquiere una impresión total mediante el "humor" del color en el dibujo, pero uno también puede mirar los detalles para analizar las preferencias en los colores.

Ahora también podemos entender la "Eye Color Affinity" (afinidad ojo – color) y los dibujos de la luna azul y del sol rojo (*Extra Lesson* 55 – 61). Habiendo descripto los diferentes colores delante y por detrás de la luz, podemos decir respecto del azul ultramarino y del rojo carmín que estos dos colores son representaciones objetivas de las fuerzas de antipatía y simpatía en el alma.

Cuando un niño dibuja una luna azul y un sol amarillo (en lugar de un sol rojo como se le había solicitado) el niño está eligiendo los colores que están fuertemente conectados con la cabeza: las fuerzas formadoras del cráneo (azul) y las fuerzas de la simpatía en los sentidos (amarillo). Para un niño de siete años y mayor este es un cuadro que denota menor edad. Audrey McAllen a esta combinación de amarillo y azul la denomina "los colores del jardín de infantes". Como un cuadro arquetípico estos colores aparecen en los dibujos del cielo azul y del sol amarillo del niño. En la edad del jardín de infantes el amarillo y el azul son los representantes anímicos de simpatía y antipatía.

En el dibujo correspondiente al ejercicio de afinidad ojo – color, en algunos casos hasta llegamos a ver lunas de color violeta-azulado o violeta-rojizo con un sol amarillo. Hemos llegado a comprender el significado de esto durante una actuación de euritmia. Estábamos mirando los trajes que llevaban los euritmistas durante actuación de "Los doce humores" de Rudolf Steiner. Allí, entre todas las representaciones de los signos zodiacales y de los planetas, los representantes de la luna y del sol llevaban atuendos en color violeta – azulado y amarillo respectivamente. Reconocimos que en este interjuego los colores tenían que ver con los distintos trabajos de los planetas, como los conocemos en conexión con los diferentes órganos y sus procesos.

Desde la experiencia se puede decir que los dos colores amarillo y púrpura (violeta-rojizo) pueden aparecer en la afinidad ojo-color, o algunas veces también en el dibujo de la persona-la casa-el árbol, por ejemplo una persona en color púrpura con un cochecito amarillo, o ventanas amarillas y púrpura en la casa. En estos casos, el niño probablemente viva más en el proceso etéreo de su cuerpo–el "cuerpo constitucional", que en el objetivo trabajar de los sentidos–el "cuerpo estructural" (capítulos 1 y 2, y "Identity and Personality" en *Learning Difficulties* 10-14). En el caso del cuerpo estructural, la luna y el sol en la afinidad–ojo–color tiene que aparecer en color azul y en rojo.

El siguiente es un verso de una libreta de apuntes de 1908 de Rudolf Steiner (2):

In der Finsternis finde ich Gottes-Sein
Im Rosenrot fühl ich des Lebens Quell
Im Ätherblau ruht des Geistes Sehnsucht
Im Lebensgrün atmet alles Lebens Atem
In Goldgelb leuchtet des Denkens Klarheit
In Feuers Rot wurzelt des Willens Stärke
Im Sonnenweiss offenbart sich meines Wesens Kern.

Weiss – Ich / Finsternis – Gott

En la oscuridad encuentro al Ser de Dios
En el rosado percibo la vertiente de la vida
En el azul del éter descansa el anhelo del espíritu
En el verde vivo todo respira aliento de vida
En el amarillo oro refulge la claridad del pensar
En el rojo fuego se enraiza la fuerza de la voluntad
En el blanco de la luz solar se manifiesta el núcleo de mi ser.

Blanco – Yo / Oscuridad – Dios

---

(1) Rudolf Steiner El Evangelio de San Juan y su relación con los demás Evangelios.

(2) Rudolf Steiner El conocimiento de los colores. Ampliaciones al volumen sobre la esencia de los colores. (GA 291 a).

(3) Ver capítulos 3 y 4. Para el sistema linfático ver también Friedrich Husemann y Otto Wolff, *The Anthroposophical Approach to Medicine*, Vol. 2

6

Revisión y Observaciones para la Investigación

El puesto del maestro de apoyo (pedagogía curativa) en las escuelas Waldorf es relativamente nuevo y no debiera ser igualado o confundido con aquél del *Hilfsklasse* ayudante en la escuela Waldorf de origen en Stuttgart. El único "síntoma" que diferencia a los niños con problemas específicos de aprendizaje de aquellos que tienen problemas físicos y psicológicos, es que aquellos que tienen problemas de aprendizaje son concientes de sus dificultades. Ellos reconocen que otros niños pueden hacer cosas que ellos no pueden hacer fácilmente. También son concientes de que sus cuerpos no responden a la intención de su voluntad. No pueden comprender porqué esto es así ya que no se experimentan a sí mismos como diferentes a sus pares; de hecho en muchas áreas, distintas a las académicas, muchas veces son más capaces que sus pares. En consecuencia, sus reacciones psicológicas son síntomas secundarios y no han de ser confundidos con, ni han de ser vistos como causa de, sus problemas. Este es el factor de desafío que han de comprender los maestros; como maestros, les es posible ver situaciones familiares y otras presiones psicológicas que los conduzcan a las causas de las dificultades que los niños presentan.

En los seminarios de maestros Waldorf, se focaliza en el desarrollo de la vida anímica del niño. El currículo intenta reunir los requerimientos anímico – psicológicos de cada etapa en su desarrollo general durante el período de los siete a los catorce años. Para ello, cuando el niño entra al grado, los maestros esperan de ellos que adquieran las habilidades de aprender, como parte del proceso educativo. La mayoría de los niños pueden hacerlo, pero está aumentando la cantidad de niños que se atrasan. Escribir es una tarea laboriosa; estos niños pueden ser más o menos torpes en sus movimientos pero son muy hábiles para encubrir sus dificultades y deficiencias. Los esfuerzos para compensar sus deficiencias insumen mucha energía y tensión y fácilmente desembocan en problemas de comportamiento. Algunos de estos niños renuncian, diciendo que son "estúpidos". Otros arremeten agresivamente contra su medio ambiente y algunos pocos se aislan. La experiencia ha demostrado que muchas veces es necesario que reciban apoyo especializado que no puede ser impartido en el aula.

No siempre es fácil para los maestros de grado aceptar el rol del nuevo puesto en la escuela del maestro de apoyo (pedagogía curativa). Subconcientemente el maestro de grado siente que su responsabilidad en cuanto al destino del niño y su relación carmática con su alumno está siendo usurpada. Puede ser que tanto maestros jóvenes que recién comienzan, como maestros con mucha experiencia, tengan este problema. El concepto del desarrollo tardío y todo lo que esto implica, muchas veces se interpone en el camino al reconocimiento de que estos niños más lentos tienen necesidades específicas que pueden ser encausadas con éxito fuera del aula. La actitud de "se superará con el crecimiento ", vive en muchos maestros y padres. Cuando el niño de once o doce años todavía no se ha "superado" los padres muchas veces culpan al maestro y/o a la escuela, y el niño es sacado de la escuela Waldorf y puesto en una escuela en la que los requerimientos de asistencia externa al aula se impone.

Otro factor que obstaculiza es que algunos padres y maestros sienten que no desean discriminar al niño por tener que dejar el aula para recibir clases individuales o terapias. De lo que no se dan cuenta es que el niño que a pasado el cambio de los nueve años se da cuenta por sí mismo que está peleando por cosas que sus compañeros captan fácilmente y de todos modos se siente diferente y discriminado. ¿No es mejor ir al encuentro de las necesidades de este niño mediante la atención individualizada de un cálido maestro de apoyo y/o de un euritmista curativo? Si diferentes niños se retiran del aula con regularidad, como lo hacen en una clase promedio hoy día cuando están siendo atendidas las distintas necesidades de cada uno de ellos, ninguno se siente discriminado porque otros están yendo y viniendo a diario. La diferencia de cómo se sienta el niño al respecto de dejar el aula, en gran parte reside en la actitud del maestro y de los padres del mismo. Esta actitud puede variar desde:

"Pobrecito, hay algo que no está funcionando en él", hasta "Qué niño afortunado, en nuestra escuela existe un grupo de maestros de apoyo, un euritmista curativo y un terapeuta artístico; quienes están yendo al encuentro de sus necesidades". Obviamente, aunque no se expresen verbalmente, estas actitudes pintan la experiencia del niño cuando es sacado del aula. Muchos colegas de apoyo educacional han hecho la experiencia de trabajar con padres y maestros que apoyaron su trabajo, y en este contexto pasó que otros niños del grado han preguntado: "¿cuándo es mi turno para estar contigo?"

Al aprender a "leer" los dibujos una persona-una casa-un árbol, podemos reconocer y focalizar en la ayuda y e ir hacia el encuentro de las necesidades de aquellos niños que se hallan trabados por algún retraso en el desarrollo, retratado en el dibujo, antes de que surjan problemas psicológicos y antes de que estas desavenencias se tornen en hábitos. Las estrategias que los niños utilizan para encubrir conciente o inconscientemente sus dificultades engañan tanto a maestros como a padres y con ello retrasan su progreso general de su trabajo en el aula.

A fin de ampliar nuestros conocimientos en cuanto al desarrollo de los niños y el modo en que son expresadas en sus dibujos, es de gran ayuda mirar en retrospectiva el trabajo de anteriores investigaciones y descubrir lo nuevo como así también qué es lo que se mantiene en el tiempo. Es interesante ver cómo en dibujos espontáneos en escuelas estatales del Reino Unido realizados en los años '40 hay imágenes idénticas a aquellos, entre los dibujos de los niños de las escuelas Steiner/Waldorf de hoy día. La introducción de "grupos de cuidados especiales" en estas escuelas y el uso de "puntos de comprobación" (*La Clase Extra*) proveerán mucho material para ampliar las investigaciones del maestro.

Mirando en retrospectiva algunos años, uno descubre que en los dibujos de los niños hay motivos en particular que aparecen en partidas –un torrente de conejos, árboles con agujeros, dibujos de vistas aéreas. Sería interesante preguntar a euritmistas terapéuticos y a terapeutas artísticos, si ellos tienen secuencias similares en los motivos de sus áreas de trabajo. ¿Hay allí una correspondencia? ¿Se trata de algo externo de la sociedad, o se trata de un grupo de almas con las mismas afinidades en una circunstancia en particular?

Un estudio de las modas en la educación de los niños puede echar luz sobre fenómenos de este tipo. Dietas o prácticas de nacimiento

–tales como nacimientos bajo el agua, o nacimientos inducidos o programados– pueden ser factores que debieran ser tomados en cuenta en las entrevistas preliminares con los padres. También está el cada vez más temprano impacto de las tecnologías sobre los niños antes de que ingresen a la escuela.

En mi vida, el televisor entró en vigencia cuando mi grado estaba en el tercer año. En el sexto año noté cómo los niños se dividieron en dos grupos, aquellos que estaban intranquilos y aquellos que no. En el grupo de los niños que tenían televisores en sus hogares, estaban los niños intranquilos. ¿Cuál será la influencia del uso de los juegos de computadoras y qué observarán los maestros cuando la realidad virtual esté más difundida?

Otro factor que ha de ser tenido en cuenta es el marco de esta corriente investigadora, la cual ejerce una gran influencia en el pensar educativo. Hemos de recordar que todos somos el producto del pensar materialista del siglo XIX –un factor que Rudolf Steiner ha mencionado en reiteradas oportunidades. La nueva generación de gente joven que actualmente se está insertando en este trabajo es la tercera generación, que inconscientemente ha asimilado este modo de pensar y sus actitudes, y quienes son reafirmados recibiendo títulos estatales. El entrenamiento de maestros Waldorf tiene la ardua tarea de ayudar a los aprendices a cambiar los modos de pensar inconscientes de sus cuerpos (vitales) etéreos y reencontrar su propia creatividad. A partir de allí pueden reconocer el conocimiento que reside en la ciencia espiritual de un modo que avivará su intuición y hará fructificar su trabajo. De allí en más el movimiento de las escuelas Steiner/Waldorf podrá trabajar con la habilidad de ir al encuentro de los cambios que se plantean en el nuevo milenio.

Cómo aflojar el sostén del materialismo en el niño pequeño es un área que es sumamente necesario sea investigada. El niño pequeño imita todas las formas de pensar de sus padres y del medio ambiente. Un comienzo puede ser hecho realizando esta pregunta a nosotros mismos, los maestros. "¿Estoy yendo desde el todo hacia la parte en la presentación de mi lección?" La escritura es un factor importante dentro de la liberación de la natural imitación de las formas de pensar del entorno del niño. He dado premisas sobre cómo ha de ser comenzado con esto en mi libro, *Teaching Children Handwriting*.

Básicamente la necesidad de terapias −ya sean artísticas o con música, masaje rítmico (Hauschka), quirofonéticas, o de euritmia curativa, -surgen a partir de la lucha del "alma-yo", la personalidad temporal en esta encarnación. El alma-yo puede estar sobrellevando un peso con el residual de problemas no resueltos provenientes de otras vidas terrestres. Entonces el conflicto surge entre el alma – yo y las intenciones del eterno espíritu – yo para el destino y las acciones en la presente vida. La novedad es que durante la última parte del siglo veinte, el instrumento del espíritu-yo −su estructura arquetípica, el cuerpo físico− ha sido más y más socavado por nuestra civilización materialista, y las verdaderas habilidades (los verdaderos dones) con las que la evolución las había dotado, están siendo perdidas (M.E. Willby *Learning Difficulties*, Sección I).

Grupos de cuidado son una oportunidad para formar proyectos de investigación. Por ejemplo Mónica Ellis y yo en 1985-87 emprendimos un proyecto que era financiado por el Colegio Rudof Steiner y el Margaret Wilkerson Trust del Reino Unido. Hemos visitado escuelas en Norteamérica y Europa utilizando el punto de comprobación (*La Clase Extra*) con el dibujo de la persona-la casa-el árbol. Los resultados mostraron tres grupos entre los niños de un grado. Un grupo había completado satisfactoriamente el desarrollo en el primer septenio, lo cual se manifestaba mediante una persona definitivamente triestructurada, una casa con cuatro ventanas con cruces, una puerta con picaporte y un árbol con hojas verdes (*La Clase Extra*). El segundo grupo tenía inseguridades −figuras inmaduras sin cintura, faltando manos y/o pies, sin cabello o sólo con un sombrero, ventanas sin cruces, faltando la puerta, y árbol con sólo unas pocas ramas y sin hojas. El tercer grupo tenía figuras muy inmaduras, algunas veces sólo dos círculos con palitos por brazos y piernas, sin pies ni manos, casas flotando en el aire, sin una línea divisoria entre el techo y la casa, algunas casas sin ninguna ventana, sin árbol o uno muy larguirucho o largo y crudo, sin indicios de cielo y tierra. Esto por supuesto es una somera descripción de los tres grupos de dibujos.

¿Qué aprendemos de esto? El uso del punto de comprobación de *La Clase Extra*, nos da el criterio para comprobar la conclusión (o la falta de la conclusión) del desarrollo del primer septenio, vital para el nacimiento del alma conciente a la edad de treinta y cinco años, en todos nuestros alumnos (Bernard Lievegoed *Phases of Childhood* y M.E. Willby *Learning Difficulties*).

¿Cuál es la relación de los niños con la orientación espacial, la geografía corporal, la forma humana triestructurada? Un estudio del niño ya puede haber indicado que el alumno necesita euritmia curativa o terapia artística. ¿Qué nos estarían mostrando los dibujos de una persona–una casa–un árbol, en caso que otros estudios y terapias correspondientes hubiesen sido efectuados? Seguramente habríamos aprendido mucho en cuanto a cómo ha trabajado una terapia específica sobre los cuerpos suprasensibles, la constitución, y la organización estructural. ¿Alivia la terapia al alma de su fuerte compromiso con los procesos orgánicos y del organismo? ¿Las dificultades del niño, residen en el alma, o han surgido por falta de oportunidad para ejercitar todas las habilidades requeridas para una buena coordinación; han quedado anonadados los sentidos por un exceso de impresiones mecánicas, como ser televisión o carreras superrápidas en automóvil? (Ver Martín Large *Set Free Childhood*). Esto quedará evidenciado en los dibujos de una persona-una casa-un árbol. ¿Ha mejorado la orientación espacial? ¿La figura humana ahora es triestructurada y contempla más detalles (tiene manos, pies, ropa, cabello, etc.)? ¿Hay una debilidad en la identidad porque el alma del niño se halla reacia a entrar en contacto con la presente vida en la Tierra? ¿O acaso el alma se ha retirado porque el cuerpo no le está pudiendo dar el soporte para su identidad? Información de este tipo, coleccionada sistemáticamente, nos ayudará a elegir los medios más apropiados para ayudar a un niño. Mediante estas preguntas y continuando con la investigación utilizando los dibujos de una persona-una casa-un árbol, puede ser acompañada y fructificada la cooperación entre el apoyo educacional y las terapias médicas.

Una prioridad para todos los maestros es transformarse en exploradores de la antroposofía a fin de poder hacer uso de la sabiduría de Rudolf Steiner. Hay muchas excelentes observaciones pedagógicas contenidas en textos de la antroposofía general, por ejemplo El Evangelio de San Mateo; aún el ciclo de conferencias *El movimiento oculto en el siglo XIX y su relación con la cultura mundial* (GA 254), provee un análisis detallado del sistema nervioso. Exploraciones de este tipo pueden vivificar el contenido de *Antropología general como fundamento de la educación* (GA 293). Una técnica de investigación es llevar una pregunta en vuestra mente y en vuestro corazón. Eventualmente vuestra mano –especialmente en el caso de haber estado manipulando bolas de cobre y/o bastones de cobre en varios ejercicios (ver *"The Beginnings of Eurythmy"* de Lory Maier-Smits)– elegirá un libro o en conversación con una persona se dilucidará la respuesta.

Juntos podemos estudiar las indicaciones de Steiner respecto de la "economía aplicada". Esto requerirá de nosotros que evaluemos cuestiones tales como la duración de una sesión de terapia de apoyo educativo. ¿Debieran ser diarias, de una o dos veces semanales, sesiones que se presenten agrupadas de 4-6 semanas, o de una vez por semana durante el lapso de 6 meses? ¿Podemos realzar el resultado de nuestros esfuerzos si contemplamos las estaciones? ¿Es mejor impartir las clases de apoyo en el otoño? ¿Las clases de terapia artística son más efectivas alrededor de la época de las Pascuas? ¿A qué tipo de terapias responden mejor los niños en pleno verano? ¿Las sesiones concentradas y cortas (como ser de Clase Extra y de Euritmia Curativa) son más productivas en el invierno? El desarrollo de un cuerpo de conocimiento detallado de esta forma ayudará a las escuelas Steiner/Waldorf a tomar un puesto de vanguardia en el sistema educativo. La respuesta de Rudof Steiner a la pregunta de Rudolf Hauschka: "¿Qué es vida?" fue "Estudiar ritmos".

¿Cuando planificamos nuestras clases, como maestros Waldorf, tenemos en cuenta los poderes curativos de los ritmos de las constelaciones en sus movimientos diarios, estacionales y anuales, así como sus efectos en nuestra organización suprasensible? La Tierra, el cosmos y el ser humano son unidad de ser, viviendo y dependiendo unos de otros. Adquirir comprensión sobre estos procesos requiere seguir estudiándolos e investigándolos (Paul Platt *Qualities of Time*). Cuando honramos esta conexión entre el ser humano, la Tierra y los cuerpos celestes trabajando concientemente con esta trinidad, podemos reconocer la sabiduría implícita en las palabras del Jefe Seattle cuando dijo:

> *¿Queréis enseñar a vuestros hijos lo que hemos enseñado a nuestros hijos? ¿Que la Tierra es nuestra madre? Lo que le sucede a la Tierra le sucede a todos los hijos de la Tierra. Esto es lo que sabemos: La Tierra no le pertenece al hombre, el hombre pertenece a la Tierra. Todas las cosas están conectadas entre sí como la sangre que nos une a todos. El hombre no es quien teje esta red de vida, el simplemente es una hebra de ella. Cualquier cosa que le haga a la red, se la está haciendo a sí mismo.*

Esta Tierra, el terreno de entrenamiento para nuestra conciencia yoica y desarrollo humano, ha recibido su renovación vital y de propósito desde la Resurrección de Cristo, habiendo llegado a ser su esfera de acción.(1) Este conocimiento en nuestros corazones puede apoyar y fructificar nuestros esfuerzos.

Figura 25 Este es el último de los dibujos y pinturas de una serie de una pequeña niña, muchos expuestos a lo largo de este libro. Fueron recolectados a lo largo de ocho años por su madre, una colega de la autora.

(1) Andrew Welburn: *The Beginning of Christianity: Essene Mystery, Gnostic Revelations and the Christian Vision*. Este libro contiene investigaciones que conectan las ideas de Rudolf Steiner concernientes a la historia de la conciencia humana con los modernos descubrimientos de escritos en los primeros tiempos de la era Cristiana y pre-Cristiana.

Apéndice

Ejemplos

Por Ingun Schneider

Con el uso de los dibujos de una persona – una casa – un árbol en las clases de evaluación en el transcurso de los años, maestros que han trabajado con *La Clase Extra* como vía de acceso a las dificultades de aprendizaje, han visto muchos ejemplos de los signos que Audrey menciona en las páginas de este libro. El propósito de este apéndice es el de describir unos pocos signos y el de compartir algunos detalles sobre el acompañamiento en estos casos de estudio. Estos dibujos (excepto uno, ver más abajo) han sido realizados después de la secuencia aplaudir-contar-saltar descriptos en *La Clase Extra*.

Un ejemplo fue dibujado por un maestra Waldorf de 42 años quien tenía mucho interés en aprender los ejercicios de *La Clase Extra* para trabajar en sus propias faltas de dominio. En el dibujo de evaluación de la persona, uno podía ver que la pierna izquierda de la persona (en el lado derecho de la hoja de papel mirando el dibujo de frente) era claramente más delgada que la pierna derecha. La maestra no estaba consciente de esto y nos compartió que unos años antes había tenido una lesión en su espalda que había afectado su pierna izquierda por lo que estaba un poco más débil y delgada que la derecha, aunque no cojeara.

Como con muchos niños, la figura mostraba cómo este adulto se sentía en su casa en su propio cuerpo. En niños antes del cambio de los nueve años (ver capítulos 1 y 2) el lado derecho del cuerpo usualmente es proyectado sobre el lado derecho de la hoja –el lado izquierdo de la figura y su opuesto para el lado izquierdo del cuerpo del niño. Por ejemplo, un niño de ocho años quien ha tenido su brazo derecho quebrado en el pasado puede ser que dibuje el brazo izquierdo de la figura (a la derecha si se mira el dibujo de frente) apareciendo en un ángulo encogido y/o de algún modo peculiar. Después del cambio de los nueve años, el niño tiende a proyectar su propio lado derecho sobre el lado derecho de la figura (sobre la izquierda si miramos el dibujo de frente). Si, en el dibujo de un niño después de los nueve años, la pierna derecha es un poco más corta, la pierna derecha del niño es un poco más corta que la izquierda (este puede ser el caso si el niño tiene una escoliosis en desarrollo).

Una vez una niña de diez años dibujó la figura con la pierna derecha adjunta en un ángulo diferente al de la pierna izquierda. Durante la evaluación han sido detectados los siguientes impedimentos que no permitían un movimiento libre y fluido:

–el salto no era rítmico

–la pierna derecha era arrastrada cuando estaba reptando sobre su barriga (como una lagartija), y

–la pierna derecha no se levantaba tanto como la izquierda cuando pasaba una bolsa de arvejas por debajo.

Cuando dibujó su persona-casa-árbol al finalizar la clase de evaluación, yo me había percatado de una leve y muy sutil rigidez a la altura de la articulación de su cadera derecha. Les sugerí a los padres que solicitaran la evaluación de la situación estructural con un osteópata. El osteópata descubrió y trató un leve corrimiento en la unión de su cadera derecha, el cual a su juicio había estado allí desde el nacimiento. Después de tres o cuatro sesiones ella pudo saltar y saltar a la soga libremente –una habilidad que no había podido aprender antes. Con sesiones de ejercicios de *La Clase Extra* para re-entrenar su sistema motor, cambió toda su conducta; se tornó más jovial y menos pesada en cuerpo y alma. De haber sido notada esta desavenencia con anterioridad, las dificultades psicológicas secundarias no habrían tenido lugar.

Otro dibujo (en este caso no un dibujo de evaluación una persona-una casa-un árbol) de una pierna extrañamente adosada fue el dibujo de un gnomo que un niño de ocho años le dio a su madre. El niño se había quebrado una pierna, la que había estado en un yeso por seis semanas; el niño dibujó al gnomo cuando ya no tenía el yeso pero aún cojeaba. Una de las piernas del gnomo bajaba directamente a la Tierra como es de esperar, pero la otra estaba adosada en un ángulo tal que hacía sobresalir le pie al costado del cuerpo. Era como si el niño no pudiese dibujar esta pierna en su lugar porque no podía sentir su propio pie en el piso cuando caminaba.

Un motivo recurrente en el dibujo de la figura humana es la falta de cuello. Algunas veces la cabeza se ubica metida en el área del pecho. Ocasionalmente aparece un cuello muy largo y sobresaliente. En ambos casos preguntaré a los maestros o padres si el niño ha sufrido una caída en la cabeza o una caída que causara un efecto latigazo en el cuello. La respuesta por lo general es que hubo una caída cuando el niño era más pequeño; algunas veces hubo un nacimiento por fórceps o por *aspiración*.(extracción en vacío). También hay casos en los que los padres al principio no recuerdan una caída o trauma. Pero más tarde, una vez que se le ha aplicado terapia cráneo-sacra y/o sesiones de ejercicios de *La Clase Extra*, el niño recuerda la caída, y los padres boquean al recordar a su vez. Un traumatismo en el cuello puede afectar el funcionamiento del sistema vestibular, que tiene su centro (el núcleo vestibular) en el tronco cerebral. Este sistema es esencial para el desarrollo del equilibrio estático (equilibrio en quietud), para la habilidad de encontrar el propio centro –el ancla interno– para la integración de reflejos tempranos, barreras de la línea media vertical·y para el desarrollo de la orientación espacial. Desfases en el cuello también pueden afectar el desarrollo de la motricidad fina ya que los nervios en los dedos y en las manos vienen de y van hacia la columna espinal en el cuello.

Cuando un niño no dibuja manos a la figura, por lo general he notado una embarazosa motricidad fina en la evaluación y durante las clases de apoyo; otros maestros también han notado dificultades, muchas veces vistas como tensión. Algunos signos de retraso en el desarrollo manual (de la motricidad fina) son:

–las manos parcial o totalmente cerradas en un puño mientras el niño gatea;

–tomar el lápiz o bien de un modo fláccido o bien tenso e inexperto, posiblemente con una presión muy suave o muy dura sobre el papel;

–la mano no dominante no sostiene adecuadamente el papel mientras la mano dominante escribe o dibuja;

–el niño puede dejar caer la bolsa de arvejas mientras tiran y atajan, o durante otras actividades con la bolsa de arvejas;

–la mandíbula inferior, labios y/o lengua puede estar tensos y moverse mientras el niño utiliza las manos para movimientos que requieren cierta habilidad;

–el tejido del niño es muy tenso o muy suelto;

–el tocar la flauta dulce es un desafío;

–los movimientos de los dedos, haciendo los ejercicios de hacer girar la pelota o el de girar el pulgar (*La Clase Extra*) tienden a dirigirse a la dirección inversa de la esperada;

–al efectuar el ejercicio de devanar lana (*La Clase Extra*) muchas veces junta el pulgar y el dedo meñique;

–el ejercicio de pasear los dedos sobre una barra (*La Clase Extra*) es un gran desafío para el niño (Schneider "*Supporting the Development of the Hand*").

Todos los juegos y actividades que requieran de la motricidad fina de las manos apoyan el desarrollo de la coordinación –por ejemplo, juegos tradicionales que suelen levantar varillas y bolitas, y la "payana". Origami y otras técnicas de plegado de papel, así como cortar y pegar, cera de abejas/masa/plastilina/modelado en arcilla, tejer con los dedos, tejer y coser son todas importantes actividades motoras. Carpintería sencilla, serruchar, martillar, lijar y raspar, como así también atar sogas son otras actividades satisfactorias para las manos. Todas las actividades hogareñas, hoy día en parte olvidadas, que se realizan con las manos: lavar los platos, estrujar el trapo de piso, poner la mesa, hacer la cama, barrer, quitar el polvo, cortar el pan o los vegetales, rayar zanahorias, queso o nuez moscada, batir un huevo o manteca, amasar masa, acomodar masa de pastelería en la sartén; los ejemplos son numerosos (ver *La Clase Extra* para más sugerencias).

El niño que no dibuja los pies de la figura humana en el dibujo de una persona-una casa-un árbol, por lo general tiene cierta torpeza en sus pies; algunas veces los pies son muy planos. Saltar rítmicamente tiende a ser un desafío, recitar caminando también es difícil para él. Saltar la soga, especialmente la soga individual, representa un desafío mayor que para otros niños de la misma edad. El niño ocasionalmente puede correr muy bien y puede moverse con mucha rapidez en actividades que se realizan en círculo; en casos como éste padres y maestros no siempre toman conciencia de las dificultades porque son compensadas con movimientos rápidos. Un niño que no había dibujado pies a su figura humana, se cansaba rápidamente cuando parado y distribuyendo el peso equilibradamente en ambos pies que se ubicaban paralelos entre sí, mientras realizaba el ejercicio de contar estrellas (*La Clase Extra*) o el ejercicio de ovillar lana. Al poco tiempo decía: "¡Oh, mis pies!", cambiaba el peso de los pies, daba una vuelta, o sacudía sus pies por un instante y continuaba con el ejercicio. Después de haber efectuado ejercicios de *La Clase Extra*, llegó a poder estar parado en ambos pies durante todo el ejercicio y en la figura humana dibujó los pies.

El siguiente ejemplo inusitado de un niño revelando una condición de higiene a través del dibujo en mi experiencia sólo sucedió una vez. Una niña de nueve años dibujó un elaborado techo triangular (ático) a su casa. Dibujó líneas horizontales (tablones) al través de todo el triángulo y pequeños garabatos y puntos en las tablas significando el grano y los nudos en la madera. Unas semanas más tarde escuché de la maestra del grado que la madre había descubierto un caso extremo de liendres en el largo, ondulado y espeso cabello de la niña.

Un dibujo reciente de una persona-una casa-un árbol fue efectuado por un pequeño niño que estaba por entrar a primer grado; tenía seis años y medio. La boca de la figura humana era grande, roja y lucía incómoda. Este niño me había sido remitido para ser evaluado porque era muy distraído, tenía dificultades para prestar atención y distraía a otros niños con suma facilidad.

A los niños que tienen dificultades para prestar atención, con "deficiencias" en su atención, se les suele ayudar con actividades motoras orales (Sheila Frick, et al. *Out of the Mouths of Babes*). Por la madre supe que este niño había tenido dificultades en su succión y amamantamiento cansándose muy rápido. Durante el nacimiento el cordón umbilical había estado enrollado en su cuello. Se había vuelto muy "exigente" con su comida, comiendo sólo algunas comidas y develándose que evitaba ciertas texturas y sabores. Sus labios estaban un poco "flojos" aunque ya no babeaba como cuando era más pequeño. Este es un ejemplo de cómo la boca de la figura en el dibujo indica cómo se puede prestar ayuda al niño, en este caso dirigiendo la voluntad mediante ejercicios con la boca y la mandíbula inferior.

Recomendé terapia cráneo-sacra con un osteópata –seguidas de sesiones con ejercicios de *La Clase Extra* para re-entrenar el sistema motor– como así también juegos con soplidos, como ser: soplar pompas de jabón desde una variedad de pipas y tubitos espiralados, y soplar con un sorbete dentro de un recipiente con agua jabonosa, sorber brebajes espesos licuados con "sorbetes extravagantes" (un sorbete espiralado) o un sorbete con una apertura estrecha, zumbar, silbar y jugar juegos con labios y lengua. La "R" labial puede ser utilizada haciendo que el niño sople aire a través de sus labios mientras los hace vibrar con sus dedos. Uno también puede untar un plato con una fina capa de melaza, miel o manteca de sésamo, ¡que el niño luego pueda lamer, para su gran deleite! Una lengua perezosa necesita el ejercicio de la secuencia hablada N, D, T, L. Casualmente todos los niños se beneficiarán de adquirir la habilidad de "trinar sus erres". (Mc Allen *The Listening Ear*).

Apuntes sobre Educación Waldorf

Aquellos lectores que aún no se han familiarizado con la educación Waldorf encontrarán libros de muchos autores en la librería del Rudolf Steiner College (www.steinercollege.edu), inclusive aquellos publicados por la Asociación de las Escuelas Waldorf de Norteamérica (AWSNA).

Términos utilizados en este libro, con los que el lector puede no estar familiarizado:

Grupo de cuidados terapéuticos: Algunas escuelas Waldorf han formado un grupo de maestros incluyendo al maestro de apoyo, posiblemente asistidos por un médio (escolar) y profesionales de varias especialidades terapéuticas, quienes se reúnen con regularidad para considerar las dificultades con las que se han encontrado en niños para quienes el aprendizaje representa un desafío. Los maestros de grado y los padres son apoyados y guiados mediante propuestas de estrategias curativas que pueden ser implementadas y monitoreadas.

Estudio del niño: Durante las reuniones de claustro Waldorf, un maestro puede solicitar a otros maestros que observen a un niño en particular por un período de tiempo, después del cual compartirán sus observaciones a fin de profundizar su comprensión del niño. Entonces buscan conjuntamente medidas e intervenciones de apoyo para su desarrollo. (Ver M.E. Willby *Learning Difficulties* Sección VI.)

Quirofonética: Esta terapia (del Griego quiro/cheires "manos" y fono "sonido") basada en el poder de los sonidos del habla ha sido desarrollada por Alfred Baur (Ver Baur *Healing Sounds*).

Maestro de grado: En las escuelas Waldorf, de ser posible, un maestro provee la instrucción esencial en todas las asignaturas desde el primero hasta el octavo grado. El trabajo del maestro de grado es suplementado por lecciones enseñadas por otros maestros en areas tales como lenguas extranjeras, música orquestal, euritmia, labores y gimnasia.

Euritmia: Desarrollada bajo la guía de Rudolf Steiner, la euritmia es un arte utilizando como instrumento a toda la forma humana. Mediante gestos de todo el cuerpo, que revelan la naturaleza interna de los sonidos del habla y los elementos de la música, uno busca expresar la esencia interior de la poesía y la música. En las escuelas Waldorf los alumnos tienen clases de euritmia a fin de acompañar su desarrollo físico y bienestar, como así también para educar sus sentidos artísticos. En la euritmia curativa, euritmistas especialmente capacitados, en trabajo conjunto con médicos, utilizan elementos de euritmia para apoyar a una persona a sobreponerse a dificultades de salud y de desarrollo que pueden tratarse por movimiento.

Historia pedagógica: En las escuelas Waldorf los maestros trabajan de un modo sutil para influenciar la conducta de niños pequeños contándoles cuentos que muestran las desdichadas consecuencias de acciones antisociales o inmorales, antes que castigar o avergonzar a los niños directamente por sus malas conductas.

Ver *Los primeros siete años* de Dr. Edmond Schoorel para una detallada descripción de: los procesos de los septenios –clasificando, tomando, adaptando, cayéndose, manteniendo, creciendo, aportando al ser; y los *doce* sentidos –tacto, vida, movimiento, equilibrio, olfato, gusto, color, temperatura, tono, lenguaje, pensamiento, Yo.